Anonymus

Kochbuch

Anweisung zur schmackhaften Zubereitung von

Suppen, Fleisch, Gemüse, Gebackenem, Torten

Anonymus

Kochbuch

Anweisung zur schmackhaften Zubereitung von Suppen, Fleisch, Gemüse, Gebackenem, Torten

ISBN/EAN: 9783944350035

Auflage: 1

Erscheinungsjahr: 2013

Erscheinungsort: Bremen, Deutschland

Neuvermehrtes

Kochbuch,

enthaltend

eine

gründliche Anweisung

zur

schmackhaften Zubereitung

von

Suppen, Fleisch, Gemüse, Eingemachten,
Fischen, Braten, Pasteten, anderen
Gebackenen, Torten ꝛc.

Für
große und kleine Haushaltungen brauchbar.

Neue ganz umgearbeitete Auflage.

Nürnberg, 1831.
In der J. A. Endter'schen Buchhandlung.

Zu einem so kleinen Kochbuch eine große Vorrede zu geben, wäre überflüssig! Es genügt den Liebhabern der edlen Kochkunst zu versichern, daß in der gegenwärtigen neuen Umarbeitung dieses schon viele Jahre beliebten Kochbuchs auf die neueste Bereitungsart eben sowohl, als auf möglichste Sparsamkeit gesehen worden ist. Die Herausgeberin ist sich bewußt, nur die Grenzen eines nützlichen Hausbüchleins ins Auge gefaßt und nichts übersehen zu haben, was in ein solches gehört.

R***

Von Suppen.

Olla Potrida.

Für 12 bis 18 Personen werden 1½ ℔ Krebs mittlerer Größe, nicht viel gesotten, ausgeschält, die Schwänze, großen Scheeren und 12 Krebsnasen apart gethan, die Schalen werden mit ⅜ ℔ Butter fein gestoßen, in einen Tiegel ein wenig geröstet und mit guter Fleischbrüh kochen lassen. Die Krebsbutter wird abgeschöpft und läßt die Sauce durch einen engen Seiher laufen, dann ¼ ℔ Butter abgerührt, 4 Eyer daran und so viel fein gerieben Brod mit etwas Salz und Muscatenblüthe daran daß es kein fetter Teig wird, die Krebsnasen damit gefüllt, kleine Klöse oder Knödlein daraus gemacht, die eine Hälfte gesotten, die andere gebacken, dann Leber-Klöse in Ermangelung von Kalbs- oder Geißleber, nimmt man Gänsleber, hackt sie fein, thut geriebenes Brod, Eyer, etwas Schmalz und Gewürz daran, bäckt die eine Hälfte und die andere wird gesotten, zu dem aufgelaufenen Klöslein von Brod wird ¼ Becher gerieben Brod genommen, 4 Eyer

1

weiß und ein Dotter, eine Tasse guten Kern, Salz und Gewürz daran, unter die Hälfte Schnittlauch gethan und mit einen Löffel in heißes Schmalz gelegt. Ferner ¼ Becher Mehl, 4 oder 5 Eyer mit Milch zu einem Teig gemacht und Flädlein oder Eyerwämmlein daraus gebacken und wie Nudeln, nicht allzu breit, geschnitten, auch wenn es in der Jahrszeit ist, frische kleine Spitzmorgeln, Skorzoneri, Spargelkoppen, Blumenkohl oder Körl-Erbsen dazu; diese Sachen in Fleischbrüh gekocht, ein wenig mit Butter-Mehl eingebrannt. Die andern Sachen alle in der Krebsbrühe in einen großen Tiegel gekocht. Bei dem Anrichten wird der Blumenkohl oder die andern Sachen dazu gethan, und die gesottenen und geschnittenen Gänsmägen darauf gelegt. Kalbsbrieß kann man nach Belieben dazu thun oder weglassen. Die Eyerwämmlein dürfen nicht viel sieden. Alles wird schön angerichtet, die Krebsnasen und Krebsschwänze oben darauf gestekt, die Krebsbutter darüber gegossen und mit Muscatenblüthe gewürzt.

Zu dem Krebs-Eiter nimmt man 5 Krebse, thut die Gall davon, lebendig gestoßen, ½ Seidlein Kern daran, läßt es ein wenig stehen, windet es durch ein Tuch und salzt es, 3 Eyer, ein wenig Muscatenblüthe, in einem messingenen Pfännlein gesotten bis es zusammengeht und nicht anbrennt, in einem Seiher gethan und wie ein Laiblein zusammengedrückt. Ist es fest, so kann man es in bellebige Stücklein schneiden und die Suppe damit auszieren. Zu dem gelben Eiter nimmt man 4 Eyerdotter und ein Eyweis, klöppert es ab, ¼ Seidlein Kern, etwas Salz und Gewürz daran und wie das Krebs-Eiter gemacht. Körbelkraut, Peterſilie, eine Handvoll Grünes, etwas Schnittlauch, alles fein gehackt und im Mörſer geſtoßen, ¼ Seidlein Kern daran und durch ein Tuch gewunden, 3 Eyer dazu, etwas geſalzen und wie die andern gekocht, daß es zuſammenſchockt. Iſt das Gelbe fertig, ſo kann man das Grüne darauf thun, wann man Stücklein ſchneidet iſt gelb und grün auf einander, man kann es ſo grün machen als man will.

Capaunen-Suppe.

Wenn die Capaunen gewaſchen ſind, ſo werden ſie geſalzen und gewürzt, und in einem nicht allzu großen Hafen, nicht zu weich geſotten. Die Bruſt und das Fleiſch werden von den Schenkeln gelöſt, die Beine zuſammengeſtoßen, in guter Fleiſchbrühe geſotten, und durch ein feines Sieb oder Tuch geſeiht. Das Fleiſch wird feingehackt, mit Brod, Butter, Eyern und Muscatenblüthe angemacht, auch etwas Kern oder Rahm dazu gethan. Alsdann wird die eine Hälfte auf die geſchnittenen Schnitte von nicht altgebackenem Milchbrod geſtrichen, und dann kommt oben wieder ein Schnitt darauf, ſodann wird es in Eyer gedunkt, in Schmalz gebacken, und in 2 Theile geschnitten. Die andere Hälfte wird in ein Tuch gebunden, und im Wasser oder Brüh gesotten, dann in Schnitten geschnitten, und so man will Spargel-Köpfchen darzu, die Capaunen-Brühe darüber gegossen, gewürzt, und auf der Kohle anziehen lassen.

Wurzel-Suppe.

Es werden Wurzeln geputzt und recht fein geschnitten, nämlich Selleri, gelbe Rüben, Purſi und Petersilie. Dann werden solche in Schmalz verdampft bis sie weich, aber nicht braun, sind, und sobann gute Fleischbrühe darauf gegossen. Endlich werden kleine Klöse von Kalb- oder Schweinefleisch gemacht, und in Fleischbrühe gesotten, Schnitten von weißem oder römischen Brod geschnitten. Diese nicht allzu fett in Schmalz geröstet, dann Körbel-Kraut, Petersilie und Schnittlauch fein gehackt auch darauf gestreut, und so mit Wurzeln und Klösen angerichtet, und gewürzt.

Eyer-Dotter-Suppe.

Es wird für 6 Personen hinlänglich Weck-Brod genommen, in Schnitten geschnitten, schön gelb gebäht, darnach 4 Eyerdottern, ein Stück Butter und Körbel-Kraut dazu gethan, und wenn man will auch Schnittlauch und Petersilie, und mit den Dottern in Butter recht glatt angerührt, und die siedende Brühe darüber gegossen, mit Muscatennuß oder Blüthe gewürzt und über die Schnitten angerichtet.

Schü-Brühe oder Suppe.

Man nimmt 2 ℔ Rindfleisch, ein paar ℔ Kalb- oder Lammfleisch, schneidet es in Stückchen, thut Rindsfett oder anderes gutes Schmalz dazu, und läßt es in einem Tiegel auf Kohlen oder im Oefelein dämpfen, daß es nicht anliegt, das Fleisch muß mit einem Tuch abgewischt seyn und nicht gewaschen. Wenn es eine Stunde gedämpft hat, so werden Wurzeln, als Pori, Selleri, gelbe Rüben, Skorzoneri, in Stücklein geschnitten und zu dem Fleisch gethan, noch eine Stunde, oder bis die Wurzeln weich sind, dämpfen lassen. Die Knochen von Fleisch und Geflügel werden zusammen gehackt und läßt man sieden und mit dieser die Schü aufgegossen, daß es 2 Maaß Brüh oder auch mehr wird, dann durch ein Tuch geseit und stehen gelassen bis es kalt ist, dann das Fett abgeschöpft, so ist die Schü fertig; dann kann man etwas braunen Sago in Fleischbrühe kochen und mit Schü verdünnen und geröstete Schnitten-Brod auch Bries und Butter-Klößlein und mit Muscatenbläh gewürzt, so ist sie fertig.

Schnecken-Suppe.

In siedenden Wasser setzt man ein halb hundert Schnecken zu, läßt solche eine halbe Stunde sieden, wann sie geputzt sind werden sie fein gehackt, nach Belieben einige ganz gelassen, dann wird von Butter ein gelbes Mehl geröstet, mit guter Fleischbrühe dünn gemacht, gewürzt und über geröstetes Brod gericht, man kann auch 25 Schnekken mehr, solche fein hacken, vor 1 kr. geriebenes Brod, ein Stück Butter oder Schmalz daran, 2 Eyer, gesalzen, gewürzt, sehr dünne Schnitten Milchbrod geschnitten, von der Masse darauf gestrichen und eine Schnitte darauf gedeckt, in Eyern umgekehrt und in Schmalz gelb gebacken. Sind die Schnitten groß, so werden sie in die Quere geschnitten; ist das Brod klein, bleibt es ganz; dann wird es angerichtet, oder in der Schnecken-Sauce ein wenig aufkochen lassen.

Erbsen-Suppe.

Es wird ein halber Becher geränkelte Erbsen, in Ermangelung auch andere, genommen, läßt sie in einem nicht zu großen Hafen recht einkochen, daß sie wie ein Brey werden, verrührt sie glatt und gießt mit guter Fleischbrüh auf und röstet in Butter Mehl daran. In einer andern Brüh werden etwas Wurzeln, als Sellerie, Pori, Petersilie, gelbe Rüben, aber nicht zu viel gedämpft, und wann sie weich sind, an die Erbsen

Sauce gethan, gewürzt und über in Schmalz geröstete Brodwürfel gerichtet, man kann auch Fa-
stenbretzen rösten.

Reis - Suppe.

Wie gewöhnlich, wann er verlesen, mit Wasser angebrüht, mit kalten Wasser abgegossen, in
guter Fleischbrüh gekocht, daß er schön länglich
bleibt, ein Stück Butter vor dem Anrichten hin-
einkochen lassen, daß er keine Haut bekommt und
ein wenig Safran oder Muscatennuß daran

Kleine Gersten - Suppe.

Wird wie der Reis in guter Brüh gekocht
und vor dem Anrichten eine Tasse guten Rahm
oder Kern daran, daß sie schön weiß bleibt, man
kann sie auch mit Krebs = Sauce verbessern.

Hafergrütz. Schwaben. Englisches Korn.

Wird wie der Reis gekocht. Hafergrütz und
englisches Korn wird gestoßen, durchgetrieben
und über geröstetes Brod angerichtet. Butter und
Gewürz nicht zu vergessen.

Fisch - Suppe.

An Fasttagen wo man mehrere Fischspeißen
hat, werden von den Karpfen die Milch recht
fein gehackt, mit etwas Butter abgerührt, ein
paar Eyer, etwas geriebenes Brod und Gewürz,

ein wenig fein geschnittenen Schnittlauch daran
und Klöse, wie die Butter-Knödlein, daraus gemacht und gesotten, den Roggen in kleine Stücklein geschnitten und gebacken, ein wenig dünnen
Nudelteig gemacht, von einem Karpfen oder Hecht,
so einen Wall in Fleischbrüh gethan, ausgegrätelt, nicht zu fein gehackt, etwas Butter, Schnittlauch, Citrone, Gewürz, nur wenig geriebenes
Brod, nebst 2 Eyern, von dem Nudel-Teig kleine
Raffiolen gemacht, mit der Fischmasse gefüllt, mit
dem Rädlein gerädelt, die Hälfte gesotten, die
andere gebacken und solches in der vorher beschrie-
benen Erbsen-Sauce gesotten, und beim Anrichten mit Schnittlauch bestreut. Unter den Nudel-Teig
muß etwas Schmalz kommen, daß er mürbe wird.

Wein-Suppe.

Ein Seidlein Wein läßt man mit ein halb
Seidlein Wasser in einer messingenen Pfanne
kochen, thut 4 Eyer-Dotter mit Zucker abgeriebene Zitrone gut verrührt, man kann ein wenig guten
Butter mit abrühren, dann ist es nicht zu rauh,
mit dem siedenden Wein angerührt und über geröstete Brodwürfel angerichtet.

Bier-Suppe.

Wird wie die Wein-Suppe gemacht. Es
werden 4 Eyerdotter mit etwas Butter verrührt,
1 Maaß Weitzen- oder Farrenbacher-Bier genommen und Zucker nach Belieben. Wann es siedet,

wird es über die Eyer gegossen, läßt es einen
Wall aufsieden und über geröstete oder auch nicht
geröstete kleine Würfeln-Brod gerichtet, daß es
nicht zu dick von Brod wird. Es kann auch eine
Tasse Milch dazu genommen werden.

Milch-Suppe

Wird wie die Bier-Suppe gemacht, statt
den Bier so viel gute Milch, 4 Eyerdotter, nicht
zu viel Zucker, etwas Zimmt und über gebähte
Brodschnitten angerichtet.

Schocolade-Suppe.

Für 6 Personen nimmt man ein halb Vierling geriebenen Schocolade, mit 2 Eyern recht
wohl gerührt, 1½ Seidlein siedenden Kern daran
gerührt, einen Wall kochen lassen und über Ul-
mer oder anderes gebähtes Brod gerichtet.

Mandel-Suppe.

Man nimmt ein halb Vierling Mandeln, zieht
sie ab, reibt oder stößt sie fein, läßt sie in 1½
Seidlein Kern ein wenig kochen, dann werden 2
oder 3 Eyerdotter mit etwas Zucker und Zimmt
verrührt und vor dem Anrichten daran gethan,
zuvor dünne Brodschnitten gebäht, ja nicht braun,
dann werden 3 Eyerweiß zu einen weißen Schnee
geschlagen und Löffelweis wie Spatzen in Milch
gesotten, die gekochte Mandelsuppe wird über die
Schnitten gerichtet, daß sie nicht zu dick wird,
der gesottene Schnee darauf gelegt und mit Zuk-
ker und Zimmt gestreut.

Hüften=Suppe.

Hat man vorräthiges Hüften=Muß oder Mark, so wird solches genommen, mit der Hälfte Wein und der Hälfte Wasser angerührt und gekocht. In Ermangelung werden dürre Hüften genommen, die schön hell gedörrt, daß sie nicht schwarz sind, in Wasser recht weich gesotten und mit Wein durchgetrieben, gut gezuckert und über in Schmalz geröstetes Brod gerichtet.

Weichsel=Amarellen=Suppe.

Gute frische Weichseln oder Amarellen werden, wenn man viel gestoßen mit Wein und Wasser gesotten, wenn sie weich sind durchgetrieben, treibt es sich nicht dicklicht durch, so läßt man ein paar Stücklein Bisquit mitkochen, zuckert es gut, weiter aber kein Gewürz, daß es den Fruchtgeschmack behält, dann von dünnen Brodschnitten Mandelschnitten gemacht. Es werden 4 bis 6 Loth Mandeln abgezogen, solche fein gestoßen, mit Zucker, Zimmt, Zitronen und Eyerweiß mit ein wenig Wein und gerieben Brod angemacht, auf die Schnitten gestrichen in gekläppertes Eyerweiß gedunkt, gebacken und die Sauce darüber gerichtet.

Erdäpfel= oder Kartoffel=Suppe.

Es wird ein halber Becher fein geriebene Erdäpfel, die vorher gesotten wurden, genommen, solche eine halbe Stunde vor dem Anrichten mit

Fleischbrühe angerührt, wenn sie zu lang kocht,
wird sie zu wässerig, mit Muscatenblüh gewürzt
und ein wenig dünnes Butter-Mehl daran. In
die Suppe nimmt man einen halben oder einen
viertel Becher Mehl, macht eine Tasse Wasser
mit einem Loth Schmalz siedend, rührt das Mehl
hinein daß es ein fester Brey wird, der sich nicht
in der Pfanne anhängt, thut ihn in ein Schüsse-
lein, salzt ihn und rührt es mit 2 Eyern glatt,
thut ihn auf einen hölzernen Teller und nur so
wenig Mehl, daß er sich nicht anhängt, macht
einen langen Strizel davon, schneidet mit einem
Messer Stücklein in der Größe einer Haselnuß,
macht runde Kügelein daraus und hält sie in
nicht zu heißen Schmalz, läßt sie einen Wall in
der Suppe aufkochen und richtet es an, oder man
nimmt geröstetes Brod.

Kerbel-Kraut-Suppe.

Eine Handvoll Kerbel-Kraut wird recht fein
gehackt, ein halb Vierling Butter mit ein paar
Löffel Mehl wird, nicht zu gelb, geröstet und das
Gehackte hineingethan, für 2 kr. Weck, dann mit
siedendem Wasser oder Brüh aufgegossen, einen
Wall aufkochen lassen, gesalzen, Muscatnuß dazu
und angerichtet.

Schwarze Wasser- oder Mehl-Suppe.

Es wird ein dünnes braunes Mehl geröstet,
ein wenig Kümmel daran, die Brodschnitten dazu,

das Wasser daran, nicht viel kochen lassen, gesalzen und angerichtet, auch wird gewöhnlich das Brod aufgeschnitten, gesalzen, etwas gepfeffert, das siedende Wasser darüber gegossen, das gebrannte Mehl oben darauf und zugedeckt.

Weiße Wasser-Suppe.

Weiße Brodschnitten oder Würfel werden genommen, wann in einer Pfanne oder Tiegel Schmalz heiß ist, kommt ein Löffel Mehl daran, nicht zu gelb gemacht; die Schnitten hinein, gesalzen, nicht viel kochen lassen und geschnitten Schnittlauch darauf.

Nudel-Suppe, geriebene oder gehackte Gerste, Grieß

sind bekannt. Zu Nudeln rechnet man auf einen Becher Mehl 3 Eyer, so auch zur gehackten Gerste, den Grieß nach Belieben.

Bier-Brey.

Es wird geriebenes schwarzes Brod genommen, nicht fett in Schmalz geröstet oder auch eine Handvoll ungeröstetes Brod dazu gethan, in Waizen- oder Farrnbacher- oder auch etwas braunes Bier darzu, gekocht, Zucker nach Geschmack, Zitronen-Bizelein, ein wenig Nelken und Zimmt, auch kann man geriebene Lebkuchen daran thun.

Von allerlei Fleisch.

Rindfleisch zu kochen ist keine Kunst. Das Rindfleisch wird gut gewaschen aber nicht gewässert, zuvor mit einen hölzernen Hammer geklopft, zum Feuer gesetzt und gleich gesalzen, so säumt es nicht so stark, ist es abgefäumt, so kann man beliebiges Wurzelwerk daran thun. Große Stücke müssen 3 bis 4 Stunden langsam sieden, das schnelle Sieden macht das Fleisch nicht mürbe. In einem Sparofen braucht es eine Stunde weniger zum Sieden.

Gedämpftes Rindfleisch oder Boeuf.

Es wird ein schönes Stück Fleisch genommen, eine sogenannte Ortschaale, ausgekörlten Riemen, oder Spannwüste, recht geklopft, mit Speck gespickt, gesalzen, gepfeffert, dazu nimmt man noch Gewürznelken, Zwiebeln, Lorbeerblätter, Zitronenschaalen und Mark, ein wenig gelbe Rüben, ein paar Stückchen gebähtes schwarzes Brod, Essig und Wasser. Dies alles kommt in einen

Dampftiegel oder Bratpfanne, wird mit Papier zugedeckt und läßt es 3 bis 4 Stunden dämpfen, oder braten, wenn es weich ist wird die Brühe durchgeseiht und das Fett abgeschöpft, etwas Weichselsaft daran gethan, angerichtet und mit Zitronen bestreut.

Englischer Braten oder Ribbe.

Nachdem viel oder wenig Personen sind, nimmt man ein Stück Rindfleisch eine Ribbe von 6, 8, 10 und noch mehrern Pfunden. Es wird geklopft, mit Speck gespickt, gesalzen, thut Lorbeerblätter, Zitronenschaalen, Gewürznelken, Pfeffer, Zwiebeln, Pori, gelbe Rüben, Petersilie in die Pfanne, ein Stück Fett von Fleisch darauf gelegt, und Lorbeerblätter, Roßmarin, Salbei und so viel Schmalz darauf, daß es nicht trocken ist, ein geschmiertes Papier darin gewickelt, eine Maas oder drei Seidlein Wasser daran und so 4 Stunden lang braten lassen. Man muß fleißig nachsehen, daß es nicht zusammen brennt, dann kommt das Papier herunter, daß es braun wird. Eine halbe Stunde vor dem Anrichten wird die Brühe durchgetrieben und ein paar gehackte Sardellen daran; es kann der Braten auch mit gespickt werden und mit ein halbes Seidlein Milchrahm bestrichen, so wird die Brühe dicklicht. Mehr als ein halbes Seidlein Brühe ist nicht nöthig.

Gebratenes Rindfleisch.

Ein dickes Stück Riemen wird gespickt und gewürzt und in die Bratpfanne gelegt, dazu kommen Zwiebeln, Zitronenschaalen, gelbe Rüben, Sellerie, Pori, Lorbeerblätter, etwas Rosmarin. Der Braten wird in dick mit Schmalz bestrichenen Papier eingewickelt und eine halbe Maas Wasser nebst einen ganzen Zitronen-Mark dazu gethan und läßt ihn so braten, ist er weich und noch nicht braun, so wird das Papier herabgenommen daß er gelb wird. Die Sauce wird durchgeseiht. Essig kömmt nicht daran.

Pöckel-Fleisch.

Zum Einpöckeln nimmt man dicke Riemen, oder Ortschalen, thut das Fett herunter, und wäscht es dann. Zu 18 ℔ Fleisch nimmt man 2 Maas Salz und ¼ ℔ ganz fein gestoßenen Salpeter, womit das Fleisch eine viertel Stunde lang eingerieben und in ein beliebiges Geschirr gelegt wird, wozu noch etwas ganzer Pfeffer und Lorbeerblätter kommt und läßt es dann ein paar Tage stehen. Bekommt es keine Brühe, so gießt man ein paar Maas Wasser daran und deckt es zu. Binnen drei Wochen ist es fertig und muß durchaus roth seyn. Um es zu essen, muß man es sieden, ist es zu sehr gesalzen, so wäscht man es und wird mit Mandelgren oder bayrischen Rüben aufgetragen, und in den Salz mit einem Deckel und Gewicht beschwert.

Vom Gemüß.

Zu ordinären Speisen wird das Gemüß mit siedendem Wasser gebrüht, abgeseit oder ausgedrückt, in einem Tiegel die Fleischbrühe daran und mit Butter oder Schmalz, gelb oder bräunlich eingebrannt und etwas Pfeffer oder Ingber daran gethan, dann ist es fertig.

Bohnen zu schweißen.

Die Bohnen werden länglicht geschnitten, in einen Tiegel oder Casserol Schmalz gethan, die Bohnen gewaschen, in das heiße Schmalz gelegt und fleißig umgerührt, daß sie nicht anbrennen; wenn sie weich sind, so werden sie mit ein paar Löffel Mehl gestreut daß sie dicklicht bleiben, dann Fleischbrüh und gehackter Petersilie oder Bohnenkraut dazu. Vor dem Anrichten kann man das Fett, wenn es zu viel ist, abschöpfen.

Kolrabi zu dämpfen.

Die Kolrabi werden gebrüht, das feinste Kraut oder Blätter abgenommen, ein wenig zerschnitten und wie die Bohnen gedämpft, die Plätze

in

in Fleischbrühe gesotten und wenn die Blätter weich sind und das Mehl daran ist, so kommen die Plätze mit der Brühe daran nebst etwas fein geschnittenem Schnittlauch, so bekommen sie einen guten Geschmack.

Weiße und gelbe Rüben,

werden, wenn sie länglicht geschnitten, wie die Bohnen gemacht, nur daß man bei den weissen Rüben etwas Zucker an das Schmalz thut.

Blumen- oder Käßkohl.

Die kleinen Blätter davon werden geputzt, nicht zu weich gebrüht oder gesotten daß er zerfällt, dann in einen flachen Tiegel oder Schüssel gethan und gute Fleischbrühe genommen, fettes Butter-Mehl, aber ja nicht zu gelb geröstet, mit Muscatenblühe gewürzt und so ein wenig kochen lassen. Kann auch mit Krebs-Sauce und Krebs-Schwänzen gemacht werden.

Bayerische Rüblein,

Können an Fleisch gekocht oder gedämpft werden.

Sauerkraut zu kochen.

Es wird mit Schwein- oder gesalzen Fleisch in einen Hafen mit einander zugesetzt und läßt es so mit einander kochen. Ist das Fleisch weich, so kommt es heraus, wird unter einander geschüttelt und läßt es dann gar kochen. Man kann auch ein paar Borsdorfer Aepfel oder Zwiebeln dazu thun.

Gedämpftes Kraut.

Das Kraut wird mit einem Stück Fleisch zugesetzt, ist es weich, so wird das Fleisch davon gethan, das Kraut abgeseiht und Rindsfett oder Fett von guter Brühe abgeschöpft dazu gethan, in einen Tiegel auf das Casserol gesetzt und so schön gelb dämpfen lassen. Etwas Zwiebeln kommen schon bei dem Kochen hinein, dann ein halbes Seidlein rothen Wein daran, und ist es zu süß, gießt man etwas Essig daran. Auf diese Art wird es auch zu Fasanen und Rebhühnern zubereitet.

Scheerruben oder Pfossen und Rübleins-Kraut,

werden wie gewöhnlich gekocht.

Sellerie, Keimlein und Endivien

Werden gebrüht, der Sellerie in der Fleischbrüh gesotten, die Keimlein und Endivien werden mit Butter-Mehl eingebrennt und gewürzt.

Skorzoneri

werden schön geschabt, in fingerlange Stükken geschnitten, in der Fleischbrüh weich gekocht und mit Buttermehl eingebrennt. Zu bemerken ist das, daß sie weiß werden, man in das Wasser, worein sie geputzt werden, etwas Mehl oder Wein-Essig schüttet.

Hopfen

wird gebrüht und wie die andern Gemüße gekocht.

Spargel zu kochen.

Der dicke Spargel wird abgeschält, gebrüht, aus dem heißen Wasser in eine Platte gelegt und eine Sauce darüber gemacht. Es werden zu 2 Büscheln Spargel 4 Eyerdotter, ein halb Vierling Butter, Muscatenblüh und ein wenig Zitronen-Mark genommen, solches mit siedender Fleischbrüh angerührt, ein wenig von dem Waßer worin der Spargel gekocht wurde, in einem messingnen Pfännlein oder Tiegel dicklich kochen laßen und über den Spargel gerichtet, auch kann man zu der Fleischbrüh sauern Rahm nehmen, er ist aber nicht so schmackhaft.

Spargelgemüß.

Der nicht zu dicke Spargel wird abgebrochen, gewaschen, mit heißem Waßer in der Fleischbrüh mit Buttermehl gekocht und mit Muscatennuß oder Blüthe gewürzt. Man kann auch Krebsbrüh, Krebsbutter und Krebsschwänz daran thun, die Nasen mit Butter-Klößteich füllen, und wenn man anrichtet, den Rand damit belegen.

Spargel mit Eyern.

Dicker Spargel wird gebrüht und gesalzen, eine Platte oder Schüßel in der man ihn auf-

trägt, dick mit Butter gestrichen, 5 bis 6 Eyer
recht gerührt, etwas gesalzen und Muscatenblüh
oder Nuß dazu gethan, dann ein Seiblein guten
Kern zu den Eyern über den Spargel gegossen,
auf Kohlfeuer oder in ein Bratöfelein gesetzt und
so anziehen lassen, daß er nicht mehr dünn, wie
Eyerkäse ist.

Blauen-Kohl.

Dieser wird ganz weich gebrüht, fein gehackt,
in einem Casserol Schmalz heiß gemacht und der
Kohl darin abgedämpft, mit ein paar Löffel Mehl
eingestreut, und wenn er noch ein wenig gedämpft
mit guter Fleischbrühe die rechte Dicke gegeben,
auch kann man bei dem Dämpfen etwas klein
geschnittene Zwiebeln daran thun; und gebratene
oder gesottene Kastanien darauf legen.

Gefülltes Krauts-Haupt.

Es wird aus einem großen oder für Fami-
lien 3 kleinere Häuptern, die Dor'che herausgenommen und gebrüht, doch so, daß die Blätter
nicht zu weich werden und dann auseinander gelegt; 2 ℔ Schweinfleisch gesotten, jedoch nicht zu
weich, dann gehackt, für 6 kr. Brod gerieben; das
Fleisch und Brod nebst 6 Eyern in eine Schüssel
gethan, das inwendige Kraut fein gehackt und in
Schmalz ein wenig gedämpft, von 3 Eyern Eyer-
Schmalz gemacht und mit dem Kraut darunter
gehackt, nebst Salz, Zitronen, Cordamomen. Ist

diese Mischung zu trocken, so gießt man etwas Fleischbrüh daran. Das Kraut wird Blätterweiß gefüllt, daß es die Runde wieder bekommt. So- dann wird in eine Bratpfanne Schmalz gethan, die Kraut-Häupter hinein gelegt und ein wenig dämpfen lassen, dann Fleischbrühe daran, die Pfanne oder den Tiegel halbvoll gefüllt und oben Papier darauf, daß es nicht gleich zu braun wird. Eine halbe Stunde vor dem Anrichten wird mit ein wenig Zucker ein recht gelbes Mehl geröstet und mit Cardamomen und Muscatenblüh gewürzt. Oder, wenn es halbfertig ist mit Mehl bestreut, so bekommt es auch eine schöne braune Sauce.

Kraut-Wickelein.

Es werden schöne Krautsblätter gebrüht, 2 oder 3 Blätter mit obiger Füll gefüllt, zusammen- gerollt, in Schmalz verdampft, mit Mehl bestreut, dann Fleischbrüh und Gewürz daran; sie können auch in Schmalz ohne Sauce mit Gewürz ge- dämpft werden.

Gefüllte Kolrabi.

Man nimmt nicht zu große Kolrabi, schält sie ab, schneidet den obern Deckel ab, brüht sie weich und hohlt sie aus, füllt sie mit der Fülle wie bei den Krautwickelein aus und thut den obern Deckel wieder darauf, man kann ihn mit einen kleinen Zwecklein befestigen, läßt sie in Fleischbrühe kochen und mit Buttermehl gelblich

einbrennen und würzt sie. Die feinen Blätter
werden gedämpft, gekocht zu den gefüllten Kolrabi gethan und beim Anrichten wird das Grüne
in die Schüssel gethan und die Rüben darauf
herum gestellt.

Gelbe Rüben zu füllen.

Diese werden weich gesotten und wie die
Kolrabi gefüllt.

Wirsching oder Herzkohl.

Von diesem Kohl werden die Herzen in 4
oder 6 Theile geschnitten, gebrüht, ausgedrückt
daß die Viertel ganz bleiben und läßt ihn in guter Butter-Sauce aufkochen.

Artischoken.

Die Stiele und Spitzen werden abgeschnitten,
recht weich gesotten, die Blätter oben von einander gethan, die Spitzen nebst den Pelz, der auf
den Kern liegt, herausgenommen, in Butter-
Sauce aufgekocht und vor dem Anrichten ein Eyer-
schmalz gemacht und damit den Kern aufgefüllt.

Erdäpfel-Stopfer.

Die Erdäpfel werden frisch geschält, in einen
Hafen mit Wasser weich gekocht, das Wasser abgegossen und die Erdäpfel verrührt, gesalzen und
mit siedenden Kern noch mehr abgerührt, daß es
ein dicker Brei wird, dann röstet man ein viertel
Pfund Schmalz, Zwiebeln, rührt die Hälfte da-

von hinein und streut die andern Hälfte beim Anrichten oben darauf.

Erbäpfelgemüß.

Die Erbäpfel werden, gesotten oder ungesotten, in Scheiben geschnitten, in Fleischbrüh mit geröstetem Mehl und gehacktem Petersilie oder Pori und Sellerie gekocht.

Von Ragout oder Eingemachten.

Junge Hühner einzumachen.

Die Hühner werden, wann sie geputzt sind, in Viertel geschnitten, gewaschen, gesalzen, mit Zitronen-Schälfe, Cordamomen, Muscatenblüh und Lorbeerblättern, ein wenig in Butter gedämpft, dann eine Caffetasse Mehl mit Wasser abgerührt und durch den Seiher hineinlaufen und so kochen lassen bis sie weich sind, auch kocht man ein wenig fein geschnittene Zwiebeln daran. Vor dem Anrichten werden sie mit Zitronen-Saft geträuft, mit etwas Wein und ein wenig Essig, angerichtet und die Sauce durch den Seiher laufen lassen. Wann sie schön weiß bleiben sollen, müssen sie mit siedendem Wasser angebrüht werden.

Tauben einzumachen.

Werden auf obige Art behandelt oder in Butter gedämpft; man läßt sie, wenn sie gesalzen und gewürzt sind, in Wasser kochen. Vor dem Anrichten thut man ein Stück Butter mit 4 Eyerdottern, ein wenig Essig oder Zitronenmark und Schnittlauch einen Wall mit der Sauce von Tauben angerichtet und aufgetragen.

Kalbfleisch einzumachen.

Wird zum Einmachen ein Schlegel genommen, so werden platte Stücklein geschnitten und in einem Tiegel mit ein viertel Pfund Butter, den man nicht ganz heiß werden läßt, gelegt. Das Fleisch wird mit dem Messer gehackt, doch so, daß es nicht durchgeht, gewürzt, gesalzen, sodann Zitronen-Bißelein nebst Mark und Muscatenblüthe oder Cordamomen mit den Butter ein wenig dämpfen lassen, und ein halbes Seiblein Wasser daran nebst ein paar Löffel geriebenes Brod, und so fertig werden lassen.

Ragout von Kalbfleisch, gefüllt.

Es wird Schlegelfleisch genommen, abgehäutet, in handbreite dünne Stücken geschnitten, recht geklopft oder gehackt, daß es nicht durchgeht und auf der einen Seite gespickt. Dann wird eine Füll oder Gehäck von Brieß gemacht, solche ein wenig gesotten, gehackt mit Brod und Eyern versetzt, einen viertel Pfund Butter abgerührt, gewürzt, einen Löffel voll auf die Fleischstückchen gestrichen, daß der Speck außen kommt, zusammengerollt und mit einem dünnen Bindfaden zusammengebunden, und in Butter oder Schmalz dämpfen laſſen. Sind ſie ein wenig gelb, ſo gießt man ein halb Seidlein gute Brühe daran und nur ein wenig geriebenes Brod oder Mehl. Es können auch ein paar Sardellen dazu kommen. In einer Stunde iſt es fertig, ſonſt wird es trocken.

Schwarzes Wildpret oder Wildſchwein einzumachen.

Das abgeſengte Wildpret wird in Stücklein geſchnitten und mit Eſſig, Waſſer, Zitronen, Zwiebeln, Lorbeerblättern, Nelken zugeſetzt, und wann es weich iſt, wird es mit einem braunen Zuckermehl eingebrannt und etwas Weichſelſaft oder rother Wein daran gegoſſen.

Kalbs-Lunge einzumachen.

Die Kalbslunge wird in kleine Stückchen geſchnitten, ſchön gewaſchen mit Salz, Zitronen, Nelken, kleinen Zwiebeln, Lorbeerblättern und Butter (zu 2 Lungen ein viertel Pfund) verſehen, und die Lunge im Caſſerol oder Bratpfanne im Oefelein ein wenig dämpfen laſſen, dann Waſſer und Eſſig daran, mit etwas Mehl beſtreut und ſo 2 Stunden kochen laſſen bis es weich iſt.

Geiß-Geſchlinge.

Die kleinen Geißgeſchlinge mit der Leber werden geſchnitten, gewürzt, in Butter gedämpft, dann thut man noch geriebenes Brod, Zitronenmark und Fleiſchbrühe daran und läßt es eine Stunde lang kochen.

Kälber-Gekröß.

Das Kalbsgekröß wird mit Salz abgerieben und weich gekocht, dann abgegossen und eine Zwiebel-Sauce, oder eine Sauce von Butter, Eyerdotter, Schnittlauch und ein wenig Essig gemacht, und darinnen kochen lassen, oder abgegossen, angerichtet und geröstetes Brod mit Zwiebeln darauf und Erbsen dazu.

Kälberfüße.

Die Kälberfüße werden weich gesotten, die großen Beine herausgenommen und eine Sauce von Zwiebeln darüber gemacht.

Ochsen-Wamme.

Sie muß wenigstens 4 bis 5 Stunden kochen. Vorher muß sie mit Salz abgerieben und die Häute abgezogen werden. Ist sie weich, so wird sie herausgethan, in Stücklein geschnitten, auf die Platte gelegt, und mit gerösteten Brod und Zwiebeln bestreut und Erbsen dazu, oder sie wird in fingerlange Stücken geschnitten und eine Sauce darüber gemacht. Sie muß sehr oft gewaschen werden, auch mit Wasser angebrüht, daß aller Geruch vergeht.

Gefüllte Kalbs-Mägelein.

Es werden 4 Kalbs-Mägelein genommen, mit Salz gerieben und gewaschen. Die faltigte Seite muß heraus kommen. Dann wird für 6

oder 8 kr. Weckbrod in Schnitten geschnitten, ein
halb Seidlein Kern darüber gegossen und weichen
laßen, auch muß man 6 Loth Butter zergehen
laßen, 6 bis 8 Eyer hinein rühren und mit dem
Brod vermengen, gesalzen, Muscatennuß, ¼ ℔
Rosin, ¼ ℔ Weinbeer unter die Füll, die Mäge-
lein damit gefüllt, zugenäht, 2 Stunden sieden
laßen und im heißen Schmalz abbräunen, so sind
sie fertig.

Kalbs- oder Ochsen-Hirn.

Das Hirn wird in kalten Waßer abgezogen
oder abgehäutet, in einen Tiegel ein halb Vierling Butter gethan, sind es mehrere, nimmt man
ein Vierling, salzt und würzt es ein, und läßt
es mit Zitronen, Lorbeerblättern und ganz kleinen Zwiebeln ein wenig kochen, streut etwas
Mehl oder gerieben Brod darüber, thut einen
Löffel voll Weineßig dazu, dann ist es fertig.

Carminaten.

Von einem Kalbsrücken werden die Ribben
und Rückbeinlein abgehackt, die langen abgescha-
ben, geklopft, gesalzen, thut Zitronen und Muscatenblüh daran und läßt es ein wenig liegen,
durch einem Seiher wird Mehl übergestreut, in
geschlagenes Eyerweiß eingedunkt, mit geriebenem
Brod bestreut und in nicht zu viel Schmalz gelb
gebacken, sie könnten auch im Casserol gemacht
werden.

Eingemachte Ochsen-Zunge.

Die Ochsenzunge wird weich gesotten, die Haut abgezogen, dann eine Sauce gemacht, geriebenes Brod in Schmalz gelb geröstet, mit Fleischbrüh, Wein, Zitronen, ¼ ℔ Rosinen und Weinbeer gekocht, daß die Rosinen und Weinbeere auflaufen, die Zunge hineingelegt und ein wenig darin kochen lassen, oder eine Sardellen-Sauce daran.

Gesalzene Zunge

wird gut weich gesotten und mit Mandelgreen oder Gurken aufgetragen, oder auch zu blauem Kohl gegeben.

Kalbs-Zünglein

Werden weich gesotten, abgezogen, auf den Rost in einer Bratpfanne mit Butter und geriebenen Brod abgebräunt oder gesotten. Mit Skorzonerie oder Blumenkohl gegeben, oder auch eine Cappern-Sauce darüber.

Glasirte Kalbs-Brieß.

wird siedend angebrüht, gewaschen, gesalzen, Cordamomen, Muscatenblühe, Zitronen in Butter, daß sie nicht braun wird, dann mit starker Schü ein halb Seidlein aufgegossen, daß sie zügig und wie glasirt wird.

Rolaten oder gefüllte Ochsengaumen.

Die Ochsengaumen werden in die Hälfte gespalten, in warmen Wasser mit Salz abgerieben, die Haut abgezogen und eine Füll von Brieß, geriebenem Brod, Butter, Eyer, Sardellen und Gewürz gemacht. Zu 4 ganzen Gaumen, die 8 gefüllte geben, werden 2 bis 3 Paar Brieß genommen, wenn sie ein wenig gesotten und gehackt sind, werden von ein halb Vierling Butter, 2 Stück Eyer-Brod und 4 oder 5 Eyern eine Füll gemacht und die Gaumen damit gefüllt, zusammengerollt, mit einem dünnen Bindfaden gebunden, in einen Tiegel nur ein wenig in Butter oder Schmalz gedämpft, dann gute Fleischbrüh, doch nur so viel, daß sie nicht darüber zusammen geht und sie nicht aufspringen. Sind sie fertig, so thut man noch ein wenig gelb geröstetes Mehl und Sardellen, oder gerieben Brod daran, oder etwas Schü, die Sauce darf nicht dick seyn.

Gefüllte junge Hühner.

Die Hühner, welche nicht zu klein sind, werden, wenn sie ausgenommen, untergriffen, daß sie zwischen die Haut wie die Tauben gefüllt werden, mit einer schon genannten Fülle gefüllt und zugenäht, damit sie nicht aufspringen, gewürzt, gesalzen und im Casserol abgedampft, daß sie gelb werden, dann gute Brühe daran und mit einer Sauce von Eyerdotter, etwas Butter,

Sardellen, ein wenig Wein oder Zitronen-Mark. Vor dem Auftragen legirt, mit Pistazien bestreut, oder auch mit einer Krebs-Sauce, die Schwänze oder Scheeren oben darauf.

Ziegen- oder Geißfleisch einzumachen.

Die vordern Ziegen-Viertel werden in kleine Stücke geschnitten, gewürzt, in Butter gedämpft und mit Wasser oder Brühe aufgegossen. Sind sie fertig, so werden Eyerdotter mit Butter, einen halben Löffel Mehl, Schnittlauch, ein wenig Essig oder Zitronenmark mit der Ziegensauce angerührt, anziehen lassen und angericht.

Kalbsleber einzumachen.

Die Leber wird schön abgehäutet, alle Adern herausgenommen, nicht gewässert, gespickt, gesalzen, thut Nelken, Zitrone, Lorbeerblätter, Zwiebeln, schwarzes gebähtes gestoßenes Brod, geriebene Lebkuchen, Essig und Wasser dazu und läßt es im Oefelein dämpfen. Ein Stück Speck oder Schmalz darauf gelegt, oder geriebenes Brod in Schmalz geröstet, auch etwas Zucker daran. Wenn man in die Leber sticht und sie blutet nicht mehr, so ist sie fertig.

Leber in Netz gebraten.

Wenn die Leber abgehäutet ist, wird sie recht dick gespickt, mit Cordamomen oder Blüthe

gewürzt, gesalzen, in ein Schweins-Netz gewik-
kelt und Zitronenmark und Bizelein daran, etwas
Schmalz in die Pfanne gethan und so braten lassen.

Leber in Butter gedämpft.

Die Leber wird, wenn sie hergerichtet ist,
in breite, nicht zu dünne Stücken geschnitten, gewürzt, mit Zitronen-Mark und Schaalen, ein
viertel Pfund Butter und einen Kreuzer geriebenen Brod gedämpft. Sie kann auch in einer
Schüssel auf der Kohle gemacht werden; wann
sie in Stücken geschnitten und solche gespickt.

Würstlein von Leber.

Die Leber wird geschabt, alle Adern herausgenommen, gehackt, gesalzen, ein viertel
Pfund Speck wird in sehr feine Würfel geschnitten, geriebenes Brod in Schmalz geröstet, nebst
5 Eyern darunter, dann ein Kalbsnetz in viereckigte Stücklein geschnitten, von der Füll einen
Löffel darauf gethan, wie Würstlein zusammengerollt und in einen Tiegel oder Bratpfanne mit
Butter oder Schmalz schön gelb gebraten. Man
kann eine beliebige Sauce dazu geben oder auf
das Gemüß legen.

Leber-Kuchen.

Man nimmt eine große Kalbsleber, zieht die
Adern heraus, häutet sie ab, hackt sie ganz fein
und salzt sie, reibt für 6 oder 8 kr. Eyerbrod,

Zitronen-Bizelein, Muscatenblüthe oder Cordamomen, 6 oder 8 Eyer, ein viertel Pfund Rosinen, ein halb Vierling Weinbeer, ein wenig
Schmalz und rührt dieses unter einander, und
wenn es zu fest wird, gießt man ein wenig Milch
oder Fleischbrüh daran. Dann wird ein großes
Kalbsnetz genommen mit obigen gefüllt, daß
keine Füll heraus sieht, in eine Bratpfanne, in
länglicher Form hineingelegt, außen ein wenig
gesalzen und Schmalz daran. In die Pfanne
wird eine Schleiße oder breites Holz gelegt, damit sich der Kuchen in der Pfanne nicht anlegt
und läßt ihn eine Stunde lang schön gelb braten.
Statt den Rosinen und Weinbeeren kann man
Gewürz daran thun.

Lungen-Muß.

Die Kalbslunge wird gesotten und fein gehackt, für 2 oder 3 kr. gerieben Brod ein wenig
gelb geröstet, die gehackte Lunge und Brod in
einen Tiegel gethan, Fleischbrüh, Zitronenbizelein, Cordamomen und Salz daran und so kochen
lassen. Vor dem Anrichten wird ein Stück Butter mit 3 Eyerdotter und ein wenig Weinessig
darunter gerührt und an das Lungen-Muß gethan und ein wenig anziehen lassen, dann ist es fertig.

Gedämpfte Ochsen-Niere.

Solche wird die Quere in dünne Scheiben
geschnitten, ein wenig Zwiebeln klein geschnitten
etwas

etwas Pfeffer und Ingber daran, gesalzen und in Schmalz eine halbe Stunde rösten lassen. Man glaubt, wenn man sie nicht sogleich salzt, wird sie nicht so hart.

Ochsenfuß und Maul,

werden mit ein paar Kälberfüßen weich gesotten, aus den Füßen werden die Knochen herausgenommen, gesalzen und Pfeffer, Ingber und klein geschnittene Zwiebeln daran gethan, Füße und Maul in kleine Stücklein geschnitten, von der Brühe, worin sie gesotten, einen guten Theil daran und noch ein wenig sieden lassen; sind sie gesotten, so nimmt man gesottene rothe Rüben, schneidet kleine Würfel davon, rührt eine Handvoll darunter, thut dieses zusammen in eine Schüssel und läßt es über Nacht stehen, wird in dünne Schnitten geschnitten und mit Essig, Oehl, Pfeffer und Zwiebeln angemacht.

Von gesottenen, gedämpften, gebackenen und gebratenen Fischen.

Blau gesottene Karpfen.

Es wird ein schöner Spiegel-Karpfen genommen, abgeschuppt und aufgemacht, in 4 Stükken geschnitten, wann er schön gewaschen ist, mit heißen oder kalten Essig übergossen, daß er blau wird, und in einer Pfanne, Wasser, Salz, Lorbeerblätter, Zwiebeln, Nelken und Wein-Essig siedend gemacht, der Fisch hineingelegt und wie ein hartes Ey sieden lassen, daß er sich übersiedet, angerichtet und Zitronen und Petersilie darauf; ist die Pfanne unten kalt, so ist er fertig.

Karpfen mit gerösteten Brodwürfeln.

Wann der Karpfen aufgemacht ist, so wird das Blut mit Essig aufgefangen, der Karpfen auf obige Art gesotten, das Blut mit etwas Fleischbrühe, Zitrone, Cordamome und Wein siedend gemacht, und den Fisch angerichtet. Kleine Brodwürfeln werden in Schmalz geröstet und heiß mit ein wenig Schmalz auf den Fisch herumgestreut, und das Blut darüber gegossen, dann ist er fertig.

Karpfen auf polnische Art.

Der Fisch wird wie die andern hergerichtet, thut in eine Pfanne oder Tiegel, Essig, aber nicht zu viel, etwas Wasser und Weizenbier, Zitronen, Nelken, Zwiebeln, Lorbeerblätter, für 3 Kreuzer geriebene Lebkuchen und läßt es so mit einander kochen, darf aber nicht zu viel Sauce bekommen. Ist er so fertig, daß er angerichtet werden kann und die Stücke nicht zerfallen, so wird die Sauce durch einen Seiher darüber gegossen; ein wenig gutes Schmalz oder Butter wird mit dem Fisch gedämpft.

Karpfen in Butter gedämpft.

Der Fisch wird aufgemacht, in Stücken geschnitten, gesalzen und mit 12 Loth Butter, Muscatenblüthe, Cordamomen, ein halbes Citronenmark und Schälfe, eine Caffeetasse gute Brühe und für einen halben Kreuzer geriebenes Brod dämpfen lassen, so ist er fertig.

Karpfen mit Hering oder Sardellen.

Wann der Fisch hergerichtet ist, so wird er ein wenig gesalzen, gewürzt, ein großer Hering genommen, abgehäutet, alle Gräten herausgenommen und in Stücklein geschnitten, die Heringsmilch geschaben oder fein gehackt, mit ein paar Löffel Fleischbrühe angerührt, und mit 12 Loth Butter und Zitronenmark und Schälfe eine halbe Stunde dämpfen lassen. Ist der Fisch nicht groß, braucht er nicht so lange zu dämpfen.

Gebackene Fische als Karpfen, Hecht, Ruppen, Weißfisch.

Wann die Fische hergerichtet sind, so werden sie schön gewaschen, Stückchenweis gesalzen, mit Mehl, oder mit Mehl geriebenen Brod vermengt, bestreut und in heißem Schmalz gebacken. Sie können auch in verklopften Eyern eingedunkt und dann mit Mehl bestreut werden.

Gebackene Grundeln.

Diese werden gesalzen, läßt das Wasser durch einen Seiher abtropfen, bestreut sie mit Mehl und bäckt sie.

Forellen zu sieden.

Die Forellen werden kurz vor dem Sieden aufgemacht, damit sie nicht die Flecken verlieren, in eine messingne Pfanne kommt Essig, Wasser, eine gute handvoll Salz, Zitronen, Lorbeerblätter, Zwiebeln und Nelken, thut die Forellen, wenn sie mit Essig blau gemacht sind, hinein, legt Papier darauf und setzt sie so kalt auf das Feuer. Wenn sie siedend eingelegt werden, springen sie gerne auf, das Fließpapier zieht den

Faum an sich, sie dürfen nicht lange sieden und werden mit Essig und Oehl aufgetragen.

Forellen und Ruppen bleiben ganz und werden krumm gezweckt.

Ruppen mit Wein-Sauce.

Die Ruppen werden gesotten, dann die Sauce von 4 bis 5 Eyerdotter, ¼ Vierling Butter, einen halben Löffel fein Mehl, Zitrone, Cordamomen recht glatt gerührt, ¼ Seidlein Wein oder mehr wann es viel Fische sind, eine Schaale Fleischbrühe, eben so viel von dem Sud, darin sie gesotten sind dazu, und solches in einen messingnen Pfännlein, oder irdenen Tiegel kochen lassen, daß es nicht gerinnt, die Fische angerichtet und die Sauce darüber gegossen. Eisernes Geschirr darf nicht genommen werden, sonst wird die Sauce grau.

Ruppen mit Körlerbsen.

Sie werden in Salzwasser gesotten, die Körlerbsen geschweist, mit Mehl eingestäubt, dann mit Fleischbrühe eine nicht dicke Sauce daran, oder Krebsbrüh mit Krebsschwänzen. Sind sie angerichtet, so werden die Erbsen darüber gerichtet, daß die Sauce zum Vorlegen langt.

Gedämpfter Hecht.

Wann es ein 2- oder 3-pfündiger Hecht ist, so wird er geschuppt, gewaschen, nicht gespalten, die Leber herausgenommen und in zweifinger-

breite Stücke geschnitten, gesalzen, in ein Ca
rol 12 Loth Butter, feines Gewürz, ein gan
Zitronenmark, die Schälfe, aber nicht von der
ganzen Zitrone, fein geschnitten, ¼ Vierling Sar‑
dellen gewaschen, fein gehackt und ein wenig fein
geriebenes Brod, jedoch nicht Eyerbrod, hinein‑
gethan und eine halbe Stunde dämpfen lassen.
Wann er fertig ist und angerichtet wird, wird
der Kopf in die Mitte gesteckt.

Barben

werden bläu gesotten. Seine Zeit ist der
Maymonat.

Persching und Schleien

werden wie die Karpfen schwarz gedämpft,
die Persching gebacken.

Gefüllter Karpfe.

Es wird ein 2½ oder 3 pfündiger Spiegel‑
karpf, ein Rogner, genommen, aufgemacht, schön
gewaschen, der Rogen ein wenig in Salzwasser
gesotten, für 2 kr. Eyer‑ oder auch Weckbrod
gerieben, 6 Loth Butter zergehen lassen oder ab‑
gerührt, 4 Eyer daran, den Rogen gehackt oder
darunter gerührt, mit Cordamomen und Zitro‑
nenbizelein und etwas Salz zusammen gemacht,
auch Sardellen darünter, den Fisch innen und
außen gesalzen, und unter die Masse ein paar
Weißfisch oder andere gebacken, ausgegrätelt und

unter die Füll gehackt. Der Fisch wird auf den Bauch aufgemacht, gefüllt und zugenäht, die Bratpfanne dick mit Schmalz geschmirt, so auch schönes Papier dick mit Schmalz geschmirt, den Fisch hineingewickelt, einen Span in die Pfanne gelegt und den Fisch darauf und so im Oefelein langsam braten lassen. Ist er halb fertig; so kann er mit dem Papier umgewandt werden, an den Fisch kann man eine Tasse gute Fleischbrühe, ein wenig Wein, sauren Rahm, Capern, Gewürz und Zitronen thun. Er muß schön gelb werden; der Schwanz wird in Papier gewickelt, daß er nicht verbrennt.

Aal zu braten.

Ist der Aal abgethan, so wird bei dem Kopf die Haut abgelöst, mit Salz gerieben, und wann sie oben ein wenig los ist, abgestreift; man nagelt ihn durch den Kopf an, der Kopf und ein Spitzlein vom Schwanz kommt weg, dann wird er gewaschen und mit Salz gerieben, weil er gar schlüpfrig ist, in beliebige dreifingerbreite Stücken geschnitten, gesalzen, in Muscatenblüthe, Zitronenbizelein, Lorbeerblättern, Rosmarin und Salbey eingebunden, mit einem starken Faden oder dünnen Bindfaden gebunden; die Spitze von einem dünnen Spieß wird glühend gemacht, die Stücklein daran gesteckt und auf Kohlen ohne Schmalz gebraten, ist er gelb, mit Butter beträuft, vom Spieß gethan, die Fäden abgeschnitten und

Zitronen dazu gegeben. Man kann ihn auch in der Pfanne braten.

Gedämpfter Aal,

wird nicht abgezogen, sondern mit der Haut in Stücken geschnitten, in einen Casserol mit Butter und Gewürz, als Muscatenblüh, Corbamomen und Zitronen zubereitet.

Krebse zu sieden.

Die Krebse werden rein gemacht, in einer Pfanne Wasser siedend gemacht, gesalzen, ein wenig Schmalz hineingethan, damit sie glänzend werden, und läßt sie eine viertel Stunde sieden. Wenn man halbbraunes Bier unter das Wasser mischt, giebt es einen guten Geschmack; es kann auch etwas Kümmel mit gesotten werden, sind sie angerichtet, so werden sie mit Petersilie ausgeputzt.

Von dürren und gesalzenen Fischen.

Stockfisch zu kochen.

Wann er gewässert ist, so wird er abgeschuppt und in weichen Wasser kalt zum Feuer gesetzt, bis er anfängt zu sieden, dann wird er abgegossen, auf die Schüssel gethan, gesalzen

und gerieben Brod und Zwiebeln in einem Vierling Schmalz geröstet und der Stockfisch damit
übergoffen. Wird zu Erbsen aufgetragen.

Stockfisch, gedämpft.

Wenn der Stockfisch im Waffer anfangen
will zu kochen, so wird er in Seiher abgegoffen,
daß er abläuft, dann wird in einen Tiegel ein
Vierling Schmalz gethan, ist es mehr als 2 ℔
Stockfisch, so muß man mehr nehmen, Zwiebeln
fein geschnitten und mit einen Löffel Mehl gelb
geröstet, den Stockfisch hineingethan, nicht mehr
lang kochen laffen und salzen, gehackten Peterfilie
und Schnittlauch daran.

Stockfisch mit Erdäpfeln und Hering.

Der Stockfisch wird gesotten und abgegoffen,
die gesottenen Erdäpfel werden in Scheiben geschnitten, der Hering ausgegrätet und geschnitten,
in einen Tiegel oder Cafferol eine Lage Butter,
Erdäpfel, dann eine Lage Stockfisch und einen
Vierling Butter darauf geschnitten, und so lagenweis fortgefahren, bis alles darin ist, gesalzen,
Cordamomen, für 1 kr. gerieben Brod, ganz
kleine Stoßzwiebeln in ein halb Seidlein Fleischbrüh weich gesotten über den Stockfisch gegoffen
und so aufkochen laffen.

Laperdan

wird, wenn er abgeschuppt ist, in Salzwaf-
fer gesotten, mit Schmalz, Brod und Zwiebeln

aufgeschmälzt, Schnittlauch darauf und zu gelben Rüben aufgetragen, oder eine Sauce von Milchrahm daran gemacht.

Gesalzener Hecht

wird in Wasser gesotten, und eine Sauce von Eyerdottern, Butter und sauren Rahm darüber gemacht, und mit Muscatenblüh gewürzt.

Picklinge zuzurichten.

Die Picklinge sind gedörrt, man schneidet den Bauch dünn weg, zieht die Haut ab, legt sie von einander, daß sie platt sind, thut in eine Pfanne einen halben Vierling Butter und brät sie darinnen, sie sind gleich fertig. Die Butter langt zu 4 Stück, sind es mehr, so muß man auch mehr Butter nehmen. Sie können zu gerührten Eyer-Schmalz aufgetragen werden.

Gesalzener Lachs

wird in Wasser gesotten und zu Erbsen aufgetragen, und mit gehackten Kräutern bestreut.

Lachs gesulzt.

Der Lachs wird mit Essig, Wasser, Zwiebeln, Zitronen, Lorbeerblättern und etwas ganzen Nelken gesotten, ist er gesotten, so wird er in beliebige Stücken geschnitten und in eine halb tiefe Platte gelegt, vor diesem ein Stück Hausenblase in ganz wenig Wasser gesotten und an

die Fischfüll gethan, noch ein wenig sieden laſſen,
mit Eyerweiß hell gemacht, durchgeſeiht, über
den Lachs gegoſſen mit Zitronen ausgeziert und
über Nacht ſtehen laſſen, dann iſt er geſulzt.

Stockfiſch mit ſüßem Rahm.

Der Stockfiſch wird geſotten, hergerichtet,
eine Schüſſel mit Butter, nicht dick beſtrichen,
Weckbrod in Scheiben geſchnitten und in Schmalz
geröſtet und die Schüſſel damit belegt. Der
Stockfiſch wird abgeſeiht, geſalzen und auf die
Schnitten gelegt, ein halb Seidlein Kern oder
ſüßen Rahm daran, auf der Kohle ein wenig
anziehen laſſen und vor dem Auftragen mit in
Schmalz geröſteten gerriebenen Brod nebſt Zwiebeln und Schnittlauch beſtreut.

Vom Braten des Fleiſches und Geflügels.

Kalbs-Nieren-Braten.

Iſt der gewöhnliche, doch iſt eine Ausnahme
von gut und ſchlecht. Iſt der Nierenbraten gewaſchen, ſo wird er gut geſalzen, ein paar Lorbeerblätter, Zwiebeln, Zitronen-Schälfen, etwas
Butter oder Schmalz, nicht zu viel Waſſer dazu
und ſo gelb gebraten.

Kalbs-Schlegel zu braten.

Der Kalbsschlegel wird geklopft, mit Speck gespickt, gesalzen, mit Lorbeerblättern, Zwiebeln und Zitronen wie der Nierenbraten gebraten und mit Schmalz oft bestrichen.

Gefüllte Kalbsbrust.

Die Kalbsbrust wird untergriffen. Zu der Füll wird genommen ein 3 oder 4 kr. Spuhlen, fein geschnitten, ein halb Seidlein Kern daran und weichen lassen, dann einen halben Vierling Butter zergehen lassen, 4 Eyer daran gerührt, gesalzen, Muscatenblüh, Zitronen, ein viertel Pfund Rosinen und Weinbeer darunter; in die Brust gefüllt, zugenäht und wie den Schlegel gebraten; man kann die Rosinen auch weglassen und klein geschnittenen Schnittlauch und Körbelkraut daran thun; und alle Braten, absonderlich die Brust, daß sie keine harte Rinde bekommen, in weißes Papier, die Seite so auf den Braten kommt, mit Schmalz bestrichen, und auf den Braten, bis er gelb werden muß.

Kalbs-Rücken in Speck gebraten.

Der Kalbs-Rücken wird wie die andern Kalbsbraten gemacht; ist er halb fertig, so wird ein Stück Speck in kleine Würfel geschnitten, auch ein paar Zwiebeln dazu und der Rücken damit bestreut und gelb braten lassen, damit Speck und Zwiebeln nicht zu braun werden; man

kann ihn auch mit geriebenen Brod bestreuen,
daß es eine schöne Kruste giebt.

Gefüllter Kalbs-Schlegel.

Es wird ein 6 oder 7 pfündiger Kalbs-Schle-
gel genommen, der wie ein Schinken ausgelöst
ist, nicht gepickt, mit einem scharfen Messer in
2 Theile getheilt, daß er auf der einen Seite
und das Schlegelbein in der Mitte ganz bleibt,
die 2 Theile von einander gelegt und in der
Quere alle fingerbreit einen tiefen Schnitt gemacht, der nicht durchgeht, 2 Paar schöne Brieß,
ein wenig sieden lassen und hacken, 2 Stücklein
Eyerbrod gerieben, einen Vierling Butter zer-
schleichen lassen, 5 Eyer daran gerührt und unter die Brieß und das Brod gethan; ist es zu
dick, verdünnt man es mit Fleischbrühe oder
Rahm, Zitrone und fein Gewürz, auch etwas
gehackte Sardellen darunter, den Schlegel inwendig ein wenig gesalzen, alle die geschnittenen
Fugen damit gefüllt; wenn etwas übrig bleibt,
an das Bein gelegt, das Theil herüber geschlagen und zugenäht, die überflüssigen Häute davon,
schön gespickt, oben etwas Butter darauf, gesalzen und wie die andern mit Zitronen und Gewürz langsam gebraten, damit er nicht gleich zu
braun wird, deckt man Papier darüber; er muß
3 Stunden braten. Ist es beliebig, so kann man
auch in die Sauce vor dem Anrichten ein Paar
Sardellen thun. Zu viel Sauce macht man nicht.

Prèssilkein oder gespaltene Schlegel zu füllen.

Sind nicht so kostspielig wie die Schlegel, aber auch nicht so delicat. Ein 7 pfündiger Schlegel wird in 2 Theile gehauen, die Beine davon gethan, auf der von einander gehauenen Seite wird es der Länge nach von einander geschnitten und das Fleisch ausgehöhlt. Was man herausschneidet, wird ein wenig gesotten, fein gehackt, Brod, Eyer, Gewürz daran und ist es zu dick, ein wenig Rahm daran, die Prissilkein damit gefüllt, zugenäht, gespickt und wie den Schlegel gebraten; die Füll kommt wie ein Laiblein hinein, zugenähet, gespickt und saftig gebraten.

Lammsviertel gebraten.

Wenn das Lammsviertel gewaschen ist, wird es mit Schalotten und etwas Zitronen Schälfen gespickt, gesalzen und wie die vorhergehenden gebraten. Statt Schalotten kann auch Salbei genommen werden.

Lammsbraten mit Birn.

Das Lammsviertel oder Schlegel wird gesalzen und wie die übrigen gebraten, nachdem der Braten groß ist oder man viel braucht, werden ein halb hundert oder mehr geschälte Birnen, mit Zitronen und ein wenig Zimmt gekocht, bis sie weich sind und nicht viel Brühe haben. Ist der Braten halb fertig, der aber auch nicht viel

Brühe haben und nicht versalzen seyn darf, so
kommen die Birnen zu den Braten unten in die
Pfanne, der Braten darauf, geriebene Lebkuchen
oder auch ein wenig braun geröstetes Mehl daran,
daß es nicht zu dick wird und schön braun fertig
braten lassen. Die Birn müssen einkochen, daß
sie wenig Brühe haben, so auch der Braten.

Die vordern Lamms-Viertel

werden wie die Kalbsbrust mit Rosinen oder
grünen Kräutern gefüllt.

Lamms-Schlegel auf Wildpret-Art zu braten.

Der Lammsschlegel, wenn er nicht zu klein
ist, wird recht geklopft, alle Häute weggethan,
stark gespickt, gesalzen. Zitronen, Pfeffer, Zwiebeln, Lorbeerblätter, Nelken und etwas Schmalz
darauf gelegt, Essig und Wasser daran, gebähtes
oder geriebenes in Schmalz geröstetes schwarzes
Brod dazu und so braten lassen. Von eingemachten Weichseln eine Sauce daran, oder statt diesen sauren Rahm. Man kann sie für Wildpret
auftragen.

Geiß-Scheere zu braten.

Die Scheere wird nur wenig gesalzen und
Muscatenblüh dazu, am Spieß oder auch im
Ofelein gebraten, mit heißem Schmalz begossen,
und ein wenig Wasser daran. Ist es gelb ge-

braten, so wird es mit geriebenem Brod bestreut und mit Butter beträuft.

Die vordern Viertel werden wie die Lamms-viertel gefüllt und zugerichtet.

Schweins-Braten.

Die Schweinern Brätlein oder Braten sind die von Rücken schmal gehauenen Stücke mit den Ribben, werden gesalzen und wie die Kalbsbraten gebraten. Wenn sie braun sind, werden sie mit Kümmel oder geriebenem Brod bestreut.

Schwein-Schlegel mit Zimmt-Sauce.

Der Schlegel wird gesalzen, mit Nelken, etwas Pfeffer, Lorbeerblättern, Zitronen, Zwiebeln, Essig und Wasser gebraten. Die Zimmt-Sauce wird auf folgende Art gemacht: Es werden 3 oder 4 Schnitten Weckbrod schön gelb gebäht; läßt in einem Tiegelein mit Wein, Braten-brühe und etwas Fleischbrühe recht glatt kochen und thut einen kleinen Löffel voll gestoßenen feinen Zimmt, Zitronenbizelein und Zucker nach Belieben dazu. Wird der Schlegel angerichtet, so giebt man sie dazu. Auch kann man Weichselsauce dazu geben; sind es dürre oder eingemachte Weich-seln, so läßt man sie mit dem Schlegel nebst ein paar Löffeln schwarzen, gebähten und gestoßenem Brod kochen und treibt die Sauce durch. Das Fett wird vorher abgeschöpft oder mit braunen Zucker-Mehl eingebrennt, und ein Vierling Ro-sinen und Weinbeer dazu.

―――――

Von

Vom Wildpret.

Haasen nach jetziger Art zu braten.

Die Haasen werden jetzt mehr im Oefelein als am Spieß gebraten. Wann er abgehäutet ist, wird er gespickt und gesalzen, Nelken, Zwiebeln, Zitronen, Lorbeerblätter, Pfeffer in einen Hafen oder Bratpfanne gelegt, mit heißem Schmalz übergoßen, mit Zitronenmark beträuft und so in der Sauce, die er selbst giebt, und in Schmalz langsam gebraten und sauern Rahm daran, und so es zu wenig, etwas Fleischbrühe.

Haasen auf gewöhnliche Art.

Der Haase wird hergerichtet und gewürzt wie der vorige. Ein wenig gelbe Rüben, Essig und Wasser, ein paar Stück gebähtes oder in Schmalz geröstetes Brod daran, mit Schmalz belegt, fleißig übergoßen, daß er nicht hart wird, durchgetrieben oder ein wenig Lebkuchen oder Latwerge daran; können auch ein paar Tage in Essig gelegt werden.

Rebhühner zu braten.

Sie werden gespickt, mit Salz und Regelein gewürzt und an den Spieß gesteckt, mit heißem Schmalz übergossen, dann ein wenig Essig, Wasser und Wein, welcher erst siedend gemacht wurde, in die Untersatzpfanne. Sind sie fertig, so werden sie mit Butter und Zitronenmark beträuft; oder nur mit Schmalz und Zitronenmark gebraten.

Fasanen zu braten.

Die Fasanen werden gerupft, jedoch werden am Kopf die Federn gelassen und von den Schwanzfedern einige aufgehoben, ausgenommen und gewaschen, dann gesalzen, gepfeffert, etwas Zitrone dazu und an den Spieß gesteckt. Die Kopffedern werden in Papier gewickelt, damit sie nicht verbrennen. Die Fasanen werden mit heißem Schmalz übergossen, etwas Wasser und Wein siedend gemacht und so gebraten. Sie werden in dünnen Speck oder in weißes mit Schmalz bestrichenes Papier gewickelt. Werden sie angerichtet, so wird das Papier vom Kopf herabgethan, ein halber Apfel genommen und die Federn wie ein Fächer darauf gesteckt, und wenn angerichtet wird, dazwischen gestellt. Werden sie zu sauern Kraut aufgetragen, so kommt die Sauce und das Fett an das Kraut.

Rehziemer, gebraten.

Der Rehziemer wird gespickt, gesalzen, ein wenig Pfeffer, Relken, Lorbeerblätter, Zwiebeln,

Zitronen, Essig aber nicht viel; ein paar Schnitten schwarzes Brod in Schmalz gelb geröst, mit heißem Schmalz den Ziemer begossen und das Brod in die Sauce. Man kann auch Milchrahm oder Weicheln und Weicheln - Saft nehmen. Die Sauce wird durchgetrieben.

Rehschlegel

wird auf gleiche Art wie der Ziemer zugerichtet, den Rahm kann man weglassen.

Schnepfen zu braten.

Wann der Schnepf gerupft ist, wird er ausgenommen, das Eingeweide wird bei Seite gelegt, gespickt, gesalzen, mit ein wenig Nelken und Zitronen gewürzt, und am Spieß oder im Oefelein mit Schmalz und etwas Wein und Wasser gebraten. Man kann sie auch mit dünnem Speck in Papier einwickeln und braten, daß sie nicht braun werden. Das Eingeweide oder der Schweiß, davon der Magen weggethan wird, wird fein gehackt, eine Handvoll schwarzes geriebenes Brod in Schmalz geröstet und zu dem Schweiß gethan, ein wenig Wein, Nelken und Zitronen nebst Mark und etwas Fleischbrühe und Zucker kochen lassen, daß es dicklicht wird, Eyerbrod in Schnitten geschnitten, die Füll oder das Gehäck, wenn solches in Schmalz geröstet ist, darauf gestrichen und wenn man die Schnepfen anrichtet, werden die Schnitten herum gelegt.

Wilde Enten, Waſſer-Hühner, Bekaſinen.

Die wilden Enten und andern Vögel werden ein paar Tage in Eſſig gelegt, geſpickt und wie die vorhergehenden gebraten.

Wilde Gänſe.

Da man deren Alter nicht wiſſen kann, ſo muß man ſie 8 und mehrere Tage in Eſſig legen, klopfen, ſpicken, und mit Schmalz, Gewürz, Eſſig und Waſſer länger als 3 Stunden ganz langſam braten laſſen, denn ſie ſind von Fleiſch etwas trocken.

Von gebratenen Geflügel.

Gans zu braten.

Junge Gänſe werden, wenn ſie rein gewaſchen ſind, geſalzen und gepfeffert, mit ein wenig Zitronen und Lorbeerblättern an Spieß geſteckt, mit heißen Schmalz beträuft und ſchön gebraten.

Gefüllte gebratene Gans.

Die Gansleber wird gehackt, für 1 kr. Milchbrod klein geſchnitten, eine Taſſe Rern oder Milch daran, 3 Eyer, ein halb Vierling Butter, Zitronenbizelein, ein wenig Salz, Muscatenblüh und

Schnittlauch, und die Gans damit gefüllt, zugenäht, gesalzen, gepfeffert und in der Bratpfanne
schön gebraten. Man kann sie auch mit Casta-
nien und Borstorfer Aepfeln füllen, in die Pfanne
kommen Zitronen, Lorbeerblätter und Zwiebeln,
nicht zu viel Sauce, das Fett wird abgeschöpft
und die Gans schön gelb gebraten, wer den Geschmack von Beifuß liebt, kann solchen hinein
thun, wann sie nicht gefüllt wird.

Welsche Hühner oder Piphähne zu braten.

Wann solche abgestochen sind, läßt man sie
in ein Wasser bluten, und legt sie sammt den
Federn hinein und läßt sie über Nacht darin liegen, dann werden sie gebrüht und in kaltes
Wasser gelegt, aber nicht zu lang, schön gespickt,
gesalzen, gepfeffert, mit Zitronen und Lorbeerblättern an Spieß gesteckt, mit siedendem Wasser
und dann mit heißem Schmalz begossen und so
langsam gebraten, wird er zu schnell braun, so
kann man Papier herumwickeln. Den Hals kann
man mit Mandelfüll füllen. Man kann sie auch
in der Bratpfanne, mit ein wenig Sauce und
Schmalz, in Papier gewickelt langsam braten
und recht gut zurichten.

Capaunen

werden wie die Piphähne hergerichtet und
am Spieß oder im Ofelein gebraten; die Füße
werden gestreckt, nicht wie bei den Hühnern.

Enten, süß gebraten.

Werden gespikt, mit Salz und Pfeffer, Zitronen, Lorbeerblättern, Zwiebeln, Cordamomen oder Muscatenblüh gewürzt und am Spieß oder im Oefelein gebraten, aber nicht zu viel Sauce.

Tauben, gebraten.

Die Tauben werden gewaschen, gesalzen, gepfeffert, an Spieß gesteckt, mit heißem Schmalz begossen, und wann sie gelb werden mit fein geriebenem Brod bestreut und so recht gelb gebraten und mit Butter beträuft.

Hühner zu braten.

Wann die Hühner abgebrüht und hergerichtet sind, so werden sie gesalzen und gepfeffert, dazu noch ein Lorbeerblatt, eine Zitronen-Schälfe, ein wenig Muscatenblüh oder Cordamomen. Wenn sie an den Spieß gesteckt sind, mit heißem Schmalz begossen und ein wenig Wasser in die Untersatz-pfanne; wann sie gelb werden, werden sie mit Butter beträuft, mit geriebenem Brod bestreut und gelb gebraten. Man kann sie auch in Oefelein in der Pfanne auf einem Rost braten.

Von Mehl-Speisen.

Mehl-Klöse.

Man nimmt, nachdem es viel oder wenig Personen sind, 3 Becher oder 3 Seidlein Mehl, 5 oder 6 Wecklein, aber nicht zu altgebacken und schneidet sie in Würfel. Das Mehl wird mit Wasser zu einem dicklichten Teig angerührt und gesalzen, das Brod in Schmalz mit etwas Zwiebeln geröstet, oder statt Zwiebeln Schnittlauch, solche unter den Teig gerührt und die Klöse nach beliebiger Größe in siedendes Wasser gelegt und eine halbe Stunde kochen. Das Schmalz kann man nach Verhältniß nehmen, frisches Bratenfett oder Schweinsfett.

Gute Semmel-Klöse.

Für 6 kr. nicht zu altgebackene Wecken werden in Schnitten geschnitten und 12 Loth Schmalz heiß gemacht, darüber gegossen, zugedeckt und stehen gelassen, und ein Seidlein Kern daran. Haben die Schnitten alles angezogen, so werden 4 Eyer daran gerührt, gesalzen, etwas Schnitt-

lauch und 2 Becher oder Seidlein Mehl daran
gethan, die Klöse in siedendes Wasser gelegt und
läßt sie so lange sieden, bis sie in die Höhe
gehen, dann sind sie fertig.

Soldaten-Klöse.

Für 5 kr. Brod wird in Würfel geschnitten,
2 Becher Mehl mit Milch angerührt, gesalzen,
das Brod hineingethan und große Klöse davon
gemacht. Sind sie fertig und angerichtet, so
werden sie von einander gerissen und mit geröstetem Brod und Zwiebeln bestreut.

Grieß-Klöse.

Man nimmt 2 Becher nicht allzu groben Grieß,
schneidet für 6 kr. Brod in Würfel und röstet es
in Schmalz, und wenn man will, mit etwas
Zwiebeln, recht fett, den Grieß gesalzen, mit
Wasser und einem Ey ganz locker angerührt und
das Brod mit dem Schmalz hinein gethan, die
Klöse in siedendes Wasser eingelegt und eine
halbe Stunde sieden lassen. Bei allen Klösen
ist zu bemerken, daß, wenn man glaubt, sie sind
nicht locker genug, so übergießt man sie ein paar
Mal mit kaltem Wasser.

Schinken-Klöse.

In einer großen Haushaltung oder Gasthaus
kann man das übriggebliebene vom Schinken sehr
gut anwenden.

Es wird für 6 kr. Brod genommen, halb geschnitzelt und halb in Würfel geschnitten, Das geschnitzelte Brod wird in einen Seidlein Kern eingeweicht, das Gewürfelte aber geröstet. Der Schinken, fett und mager wird klein geschnitten, an das eingeweichte Brod 5 bis 6 Eyer gerührt, das geröstete Brod nebst dem geschnittenen Schinken nicht zu viel gesalzen, dann noch etwas Schnittlauch und 2 Becher Mehl dazu, die Klöse in siedendes Wasser gelegt und eine viertel Stunde sieden lassen.

Fleisch-Klöse.

Man nimmt 2 ℔ gehacktes Rindfleisch; für 8 kr. geriebenes Eyerbrod, 8 Eyer, Zitronen, Salz, Muscatenblüth oder Nuß und mengt dieses unter einander. Ist die Masse zu fest, so kann man etwas Milch oder Fleischbrühe daran thun, beliebige Klöse daraus machen und läßt sie eine Stunde sieden.

Erdäpfel-Klöse.

Es werden 6 Becher oder Seidlein geriebene Erdäpfel genommen, für 8 kr. Weckbrod geschnitten, und wenn man will, mit Zwiebeln in Schmalz geröstet, Salz, 3 Eyer und 2 Becher Mehl dazu und dieses mit den Erdäpfeln recht unter einander gemengt, Klöse daraus gemacht und in recht siedendes Wasser gelegt, in einer viertel Stunde sind sie fertig.

Klöse mit Hefen.

Man rührt von 3 Becher Mehl den ordent=
lichen Klösteig mit Milch nicht zu dünne an,
thut etwas Hefe daran und läßt ihn ein wenig
stehen, röstet für 6 kr. Brod in Schmalz, rührt
es mit 2 Eyern und Salz darunter, bis dieses
daran kommt, ist der Teig gegangen, und legt
die Klöse, aber nicht zu klein, ein. Sind sie
fertig, so werden sie von einander gerissen und
heißes Schmalz darüber gegossen, und Schnitt=
lauch unter den Teig.

Leber=Klöse.

Man nimmt für 8 kr. Rindsleber, schabt
oder hackt sie fein, schneidet für 4 kr. Weckbrod
in Würfeln, röstet es wohl fett in Schmalz mit
fein geschnittenen Zwiebeln, 6 Eyer dazu, gesal=
zen, einen Becher Mehl und mengt die Masse
unter einander. Ist es zu fest, so verdünnt man
es mit Milch. Die Klöse werden nach Belieben
gemacht. Man darf sie nicht lange sieden lassen,
sonst werden sie fest.

Abgerührte Spatzen.

Es werden 4 Kreuzer Wecklein genommen,
geschnitzelt, in ein halb Seidlein guter Milch ge=
weicht, ¼ ℔ Schmalz schäumig gerührt, 4 Eyer
daran, gesalzen und an das geweichte Brod nebst
einen Becher Mehl gerührt und so in das siedende
Wasser gelegt.

Wasser-Spatzen.

Es werden 4 Weck in Wasser geweicht, wann sie geweicht ausgedrückt, gesalzen, ein wenig Schnittlauch, 2 Eyer und so man will, ein halb Vierling Schmalz und 2 Becher Mehl daran, daß es ein fester Teig ist, mit einem Löffel eingelegt und beim Anrichten mit geröstetem Brod bestreut. Man kann sie auch ohne Schmalz machen.

Abgerührte Mehl-Spatzen.

Ein viertel Pfund Schmalz wird recht schäumig abgerührt, dann 4 Eyer daran, ein wenig Salz und keinen ganzen Becher feines Mehl, läßt sie in Fleischbrühe, siedendem Wasser oder auch in Milch kochen. Wann sie in die Höhe gehen, so sind sie fertig, sie sind leicht und gehen recht auf.

Wasser-Schnitten.

Einen aufgehäuften Becher Mehl rührt man mit 5 Eyern und guter Milch zu einem dicklichten Teig. Von Weckbrod werden Schnitten geschnitten, in den Teig gedunkt und in eine Pfanne oder Tiegel mit siedendem Wasser eine viertel Stunde kochen lassen und mit geröstetem Brod.

Gesottener Hefen-Knopf.

Man nimmt ein Diethäuflein Mehl, rührt die Hälfte davon zu einem Dampf mit Milch und

Hefen an, läßt es gehen, thut ein halb Vierling
zerlassenes Schmalz daran, etwas Salz und 2
Eyer, schlägt es recht ab und rührt das übrige
Mehl daran, daß der Teig nicht dünn und nicht
zu fest wird, läßt ihn wohl gehen, legt ihn in
einen Tiegel mit siedendem Wasser, deckt ihn
wohl zu und läßt ihn dreiviertel Stunden kochen,
richtet ihn an, reißt ihn von einander und übergießt ihn mit heißem Schmalz.

Gebackener Hefen-Knopf.

Dieser Hefen-Knopf wird wie der oben be-
schriebene gemacht, ein Pfund Zwetschgen halb
weich gekocht, solche mit der Sauce in die Bratpfanne oder runden Schart gethan, den Hefen-
Knopf, wann er gegangen, darauf gelegt, oben
mit Schmalz bestrichen und eine Stunde langsam
im Oefelein gebacken. Die Rinde wird aufge-
rissen und mit heißem Schmalz begossen.

Dampfnudeln, die weiß bleiben.

Es wird ¼ ℔ Schmalz recht schäumig abgerührt, 3 Eyer, ein halb Seidlein gute Milch
oder Kern, eine halbe Tasse Hefe, dann zwei
Becher Mehl und ein wenig Salz daran, und
dieses zusammen recht abgeschlagen. Sollte es zu
locker seyn, so kann man noch etwas Mehl daran
rühren. Man macht Nudeln, in der Größe einer
welschen Nuß daraus, läßt sie auf einen Tuch
gehen, nimmt ein Casserol oder Tiegel, der nicht

zu tief ist, bestreicht den Boden ein wenig mit
Schmalz, gießt drei Fingerbreit Milch hinein,
legt die Nudeln darauf und läßt sie auf Kohlen
oder im Oefelein zugedeckt so lang kochen, bis
man die Milch nicht mehr sieden hört. Sind sie
fertig, nimmt man sie mit einem Schäufelein heraus und gibt Milch mit Eyern, Zucker und Zimmt
dazu. Wann sie weiß bleiben sollen, darf man
keine Kohlen darauf legen, der Deckel wird mit
Papier zugedeckt.

Abgerührter Pudding.

Für 6 kr. Laufer- oder anderes Weckbrod in
Suppenschnitten geschnitten, mit einem Seidlein
Kern angebrüht, ¼ ℔ Butter schäumig abgerührt,
10 Eyerdotter daran, das Weiße davon zu Schaum
geschlagen, das geweichte Brod nebst den Schnee
dazu, ein halb Vierling Weinbeer, 8 Loth Zuk-
ker, Zimmt und Zitrone darunter; die Form oder
das Tuch mit Butter bestrichen, die Masse daran
etwas locker gebunden und in einem Topf oder
Hafen, worin er Platz hat, mit siedendenden Wasser gelegt und eine Stunde sieden lassen. Ist er in
einem Tuch eingeschlagen, wird er ein paar Mal
umgewandt, dann behutsam angerichtet und eine
Sauce von Wein, Hiften oder Weichseln darüber
gegeben.

Pudding auf andere Art.

Für 6 kr. nicht zu alt- und zu neugebackenes
Weckbrod, davon die Rinde abgenommen wurde,

wird in ganz feine Würfel geschnitten, ein Seidlein Kern mit 12 Eyern abgerührt, 6 Loth Zuk-
ker, ein wenig Zimmt, eine abgeriebene Zitrone,
und wenn man will, ein halb Vierling Weinbeer
mit etwas Zitronat oder Pomeranzen-Schaalen,
dieses zusammen über das Brod gegossen und
eine halbe Stunde stehen lassen. Die Würfel
werden nicht verrührt, das Tuch mit Butter bestrichen, die Hälfte von der Masse daraufgelegt,
dann 6 Loth Butter darauf geschnitten und die
andere Hälfte darauf, nicht zu fest gebunden,
daß es aufgehen kann und in einen Hafen oder
Tiegel mit siedendem Wasser gelegt, eine Stunde
kochen lassen und wann er eine Weile gekocht hat,
wird er umgewandt. Ist er fertig, so wird das
Wasser abgegossen, das Tuch aufgebunden und
angerichtet. Man kann von obigen Saucen darüber gießen und den Pudding mit Mandeln und
Pomeranzenschaalen bestecken.

Schneiders-Fleck.

Es wird ein Nudelteig gemacht, von puren
Eyern und ein wenig Butter, solcher fest ausgedreht und in beliebige Stücklein von verschiede-
nen Formen geschnitten, im Wasser gesotten, abgeseiht und in Schmalz geröstetes Brod darauf
gestreut. Eben so werden die Wassernudeln, aber
ohne Butter, gemacht, und wenn sie gesotten mit
geröstetem Brod bestreut oder Nudeln schmal geschnitten und in Schmalz gebacken.

Maultaschen, von Fleisch oder Spinat.

Es wird ein Nudelteig in viereckigte Stükken geschnitten und eine Füll von Fleisch oder Spinat gemacht. Der Spinat wird gebrüht, recht ausgedrückt, gehackt und mit fein gehackten Zwiebeln und ein wenig Mehl in Butter gedämpft, kalt werden lassen und die Maultaschen damit gefüllt und läßt sie in der Fleischbrühe aufkochen. Die mit Fleisch gefüllten Maultaschen kann man in Schmalz backen und sieden.

Pastete von Blätter= und Schmalz= Teig.

Zu einer Pastete von Blätter=Teig nimmt man 1 ℔ Butter, eine Maaß oder 2¼ Becher Mehl. Die Hälfte von Mehl mit dem Butter wird zu einem Laiblein geknetet, die andere Hälfte bis auf ein wenig zum Ausdrehen gelassen, in ein Töpflein ein wenig Salz, 1 Ey, 3 Löffel Fruchtbranntwein oder Arrak und 6 Löffel Wasser gethan, und mit der andern Hälfte Mehl zu einen lockern Teig ausgewirkt und ein Blaz ausgedreht. Das Laiblein mit dem Butter hineingelegt, mit dem Nudelholz geklopft, dann ausgedreht, zusammengelegt, wieder ausgedreht und so über Nacht stehen lassen und dann Messerrückendick ausgedreht und die Pastete aufgesetzt.

Pasteten von obigem Butter=Teig.

Für 6 Personen ist ½ ℔ Blätterteig hinlänglich, er wird Messerrückendick ausgedreht, in der

Runde mit einem 2 fingerbreiten Streifen belegt
und die Größe des Deckels nach dem Boden genommen. Zur Füll werden 5 Vierling Schweinfleisch genommen, nicht zu weich gesotten und
fein gehackt, für 5 oder 6 kr. nicht zu altes Eyerbrod gerieben, eine halbe Zitrone nebst Mark,
Cordamomen, Muscatenblüh, Wein, Essig, ein
wenig Zucker und in der Brühe, worin es gesotten, zu einer nicht zu dünnen Masse gemacht,
den ausgedrehten Teig in die Höhe damit gefüllt, daß der Rand frei bleibt, den Deckel darauf, neben den Rand zusammengedrückt und mit
einem Messer die Streifen aufwärts geschnitten,
oben noch mit einen ausgezierten Deckel belegt,
mit Eyern bestrichen, in einem durchgeheizten
Oefelein eine Stunde langsam gebacken, daß sie
schön aufgeht. Die Pastete muß auf Papier gesetzt werden, daß sie nicht vom Blech herabläuft.
Ist sie fertig, so bestreicht man sie mit feinen
Zucker-Eis oder gesiebten Zucker, die Sauce wird
von gelblichtem Buttermehl, Zitronen, Essig,
Wein, ein wenig Zucker und Gewürz mit der
Fleischbrühe gemacht und dazu gegeben.

Schmalz-Teig zu Schart-Pasteten.

Drei Becher Mehl werden auf das Nudel-
brett gethan, 1 ℔ Schmalz, Salz, ein Ey, eine
halbe Tasse Milch oder Wein darunter gemischt
und zu einen Teig geknetet, mit dem Nudelholz
ein paar Mal ausgedreht, so ist er fertig, und
kann

kann gleich gebraucht werden. Ist auch zu Aepfel-
Krapfen gut.

Schmalz-Teig auf andere Art.

Ein halb Pfund Schmalz, ein halb Pfund
Butter werden schäumig abgerührt, 2 Eyer, eine
halbe Tasse Kern, 3 Becher Mehl und Salz zu
einen Teig geknetet, und kann zu Pasteten, Aepfel-
Kuchen und dergleichen Backwerk gebraucht werden.

Pastete mit Hühnern oder Tauben.

Die Pastete wird, wie die vorhergehenden,
hergerichtet. Die Hühner oder Tauben werden,
wenn sie gewaschen und gesalzen sind, mit Muscatenblühe und Zitronen gewürzt, in halbe oder
viertel getheilt, in Butter oder Schmalz mit ein
wenig Wasser oder Brühe nicht weich gedämpft,
ein wenig kalt werden lassen, die Hälfte von der
gehackten Füll hinein, die Hühner oder Tauben
gelegt, daß sie in die Höhe kommen, die andere
Hälfte des gehackten darauf, daß keine Knochen
durchstechen, den Deckel darüber und wie die vorigen gebacken. Die Sauce von den Hühnern
wird zur Pastetensauce genommen.

Haasen-Pastete.

Der Haase wird in Stücklein gehauen, 4
Rückstücklein und 4 aus den 2 Schenkeln, gespickt,
gesalzen, gepfeffert, mit Zitronen, Nelken, klei-

5

nen Zwiebeln, Lorbeerblättern, mit ein wenig Essig, Schmalz und etwas Wasser in einer Bratpfanne, nur gelb und nicht ganz weich gebraten. Der Vorhaas, oder die Schenkelein, Brust, Lunge und Leber, wird mit Essig, Wasser und Gewürz, nicht zu weich gesotten; ist der Haase nicht groß, so muß man 2 Vorhaasen nehmen, diese schön von den Beinen ablösen, hacken, schwarzes geriebenes in Schmalz recht fett geröstetes Brod, mit Gewürz, Zitrone und der Sauce, worin der Vorhaase gesotten, angemacht, nebst etwas Wein, Zucker und Nelken. Die Hälfte des Gehäcks kommt in die Pastete, dann die Stücklein darauf, das übrige Gehäck dazu, den Deckel darüber und so gebacken. Zur Sauce wird braunes Zuckermehl geröstet und nebst rothen und weißen Wein und etwas Zucker zur Sauce, worin der Haase gebraten, gefügt; ist diese nicht hinlänglich, so kann man auch von der Sauce worin der Vorhaas gesotten wurde, genommen werden.

Schwarzes Wildpret und Rebhühner-Pasteten

werden wie die Haasen-Pasteten zubereitet.

Kleine Schart-Pastetlein.

Der Blätter-Butterteig wird dünn ausgedreht, die Schärtlein ausgelegt, mit den Gehäck von Schwein- oder Kalbfleisch gefüllt, ein Deckelein darüber gemacht, bestrichen und gebacken.

Aufgeſetzte Paſtetlein mit Brieß.

Ein halb Pfund Blätter-Teig giebt 12 Paſtetlein. Iſt der Teig Meſſerrückendick ausgedreht, ſo wird er mit einem runden Blech, das größer als eine obere Caffetaſſe iſt, ausgeſtochen. Es werden 2 Bläz ausgeſtochen, der eine giebt den Boden, der andere den Deckel, daß ein Rand bleibt, der untere wird mit Eyern beſtrichen, der Rand darauf gelegt und abermals mit Eyern beſtrichen und ſo gebacken, ſie gehen hoch auf. Dann werden 2 paar Brieß nicht allzu weich geſotten, in kleine Würfel geſchnitten, für 1 kr. Brod, ohne Rinde auch ſo geſchnitten, ein halb Vierling Butter, Zitronenſaft mit ein wenig guter Brieß-Sauce etwas kochen laſſen, ein paar Eyerdotter daran, die Paſtetlein gefüllt und die Deckelein darauf. Wann ſie hoch aufgegangen ſind, drückt man ſie wenig nieder, ſo geht mehr Füll hinein.

Schmalz-Paſteten in Schart.

Der vorher bemerkte Schmalz-Teig wird gemacht, nicht zu dick ausgedreht, der Schart damit belegt, eine ſelbſt beliebige Füll von Fleiſch oder Wildpret wie bei den vorhergehenden gemacht, auch Flügelwerk hineingelegt, den Deckel darüber mit Eyern beſtrichen und gebacken.

Von süßen Butterteig zu Torten.

Zitronen-Torte.

Zu dem Teig wird genommen 1 ℔ Butter, 3 Becher Mehl, ¼ ℔ Zucker, ein Ey, ein paar Löffel voll Wein. Es wird alles, bis auf eine Handvoll Mehl zum Ausdrehen unter einander zu einen Teig gemacht; die Butter muß gut verarbeitet seyn; man muß ihn ein paar Mal überschlagen, dann ist er fertig; er darf nicht über Nacht stehen und kann gleich gebraucht werden. Das Pfund giebt 2 große Torten und nimmt zu deren Füllung ¼ ℔ abgezogene, fein gestoßene Mandeln, ¼ ℔ Zucker, 2 oder 3 Zitronen, die eine Hälfte fein länglicht geschnitten, die andere abgerieben, 4 Zitronen-Mark durchgeseiht, daß keine Kerne dazu kommen; 6 Loth Zitronat- und Pomeranzen-Schaalen klein geschnitten, ein Glas Wein oder Most, und etwas geriebenes Brod ohne Rinde daran. Die Torte wird saftiger, wenn man die Zitrone ausmarkt, Belz und Kerne davon thut. Der Teig wird Messerrückendick ausgedreht, 2 Fingerdick gefüllt und 2 fingerbreit leer gelaſſen, ein Gitter darüber, näht einen Streifen neben herum, ſchneidet Kappen, beſtreicht ihn und läßt ihn nicht allzu braun backen. Iſt die Torte fertig, kann man ſie hin und wieder mit Eiß beſtreichen und den Rand mit Piſtazien beſtreuen, oder auch mit Zucker und Zimmt.

Pomeranzen-Torte.

Man nimmt von oben beſchriebenen Teig ein halb Pfund, dann 12 Loth abgezogene und geſtoßene Mandeln, 12 Loth Zucker, ein halb Vierling Zitronat und Pomeranzen-Schaalen klein geſchnitten, 2 große Pomeranzen abgeſchält, in Waſſer weich geſotten, dann länglicht fein geſchnitten, daß nichts von Belz daran bleibt, die Pomeranzen ausgemarkt und alles unter einander gemengt. Iſt die Maſſe zu feſt, ſo wird ſie mit Wein verdünnert, die Torte gefüllt und wie die anderen hergerichtet und gebacken.

Quitten-Torte.

Ein halbes Pfund Teig, wie die vorhergehenden auf das Blech geſetzt, 6 oder 8 Quitten geſchält, die Kerne heraus, in dicke Schnitten geſchnitten und mit Waſſer, Wein und Zucker weich gekocht, etwas ganzen Zimmt, den man wieder herausnimmt, und fein geſchnittene Zitrone dazu, läßt es kalt werden und füllt die Torte 2 fingerbreit damit, richtet ſie her und bäckt ſie wie die vorhergehenden; dann auch ein Eis darauf.

Aepfel=Torte.

Der Teig wie bei den vorigen. Borstorfer=
Aepfel sind die besten; in Ermangelung derselben
Quitten=Aepfel. Da die Aepfel sehr zusammen
kochen, darf man ein halb hundert Borstorfer
oder ein viertel Hundert Quitten=Aepfel nehmen,
schält sie und schneidet sie in kleine Stücke, und
vermengt sie mit Wasser und Wein, in Erman=
gelung dessen nur Wasser und etwas Zitronen=
mark und Schaalen; Zimmt, Zucker, Rosinen,
Weinbeer, Zitronat und Pomeranzen=Schaalen
gekocht. Ehe die Füll auf den Teig kommt, wird
der Boden mit 4 Loth gestoßenen Mandeln, et=
was Zucker und Zimmt bestreut, die Aepfel dar=
auf gelegt und wie die andern mit einem Gitter
von schmalen Streifen Teig überdeckt, mit Eyern
bestrichen, schön gelb gebacken und mit Zucker
überstreut.

Aepfel=Krapfen oder Kuchen.

Von dem Schmalzteig wird ein länglichter
oder runder Blatz ausgedreht, die Aepfelfüll mit
Rosinen, Weinbeer, Zucker und Zimmt gekocht;
wann sie kalt ist 2 fingerhoch auf den Teig ge=
legt, einen Deckel darüber, mit Eyern bestrichen
und gebacken. Oder, man macht die Füll so,
die Aepfel fein geschnitzelt, Zucker und Zimmt,
Rosinen, Weinbeer und etwas Zitronenbizelein,
3 fingerhoch gefüllt, den Deckel darüber und wie
oben gebacken.

Aprikosen-Torte.

Den süßen Teig, auf 8 Personen rechnet man ein halb Pfund, legt man auf das Blech wie die andern; ist das Blech nicht aufgebogen, so ist es besser auf Papier. Die Aprikosen werden abgezogen, halb gemacht, auf eine Platte gelegt und mit Zucker bestreut, den Tortenboden ein wenig mit geriebenen Mandeln, geriebenen Brod und Zucker bestreut, die Aprikosen darauf gelegt, sie können doppelt auf einander gelegt werden, das Gitter und den Rand darüber, bestrichen und gebacken. Bleibt Saft zurück, daß die Torte zu feucht würde, wann sie gebacken ist, so wird der Saft in die Gitter gethan und mit Zucker bestreut. Man kann wohl auch Zitronen dazu thun, sie benehmen aber den guten Geschmack. Man kann benannte Früchte dämpfen; weil sie zu saftig sind, müssen sie sehr lang kochen und braucht viel mehr Früchte.

Pfirsing-Torte

wird wie die erstbemeldete gemacht, mit Zucker ohne anderes Gewürz.

Weichsel-Torte

ist die vorzüglichste. Man nimmt süße Weichseln, thut die Kerne heraus, bestreut sie gut mit Zucker, läßt sie ein wenig stehen, damit sich der Zucker auflöst, den Teig oder die Torte hergerichtet, den Boden mit gestoßenen Mandeln,

Zucker, Zimmt, Zitronen und ein wenig geriebenem Brod bestreut, die gezuckerten Weichseln
darauf, den übrigen Saft dicklich gekocht und
wann die Torte gebacken, die Gitter mit dem
Saft betropft, mit Zucker und Zimmt bestreut,
mit einem weißen Eis, die Kappen der Torte
bestrichen.

Torten von Johannis-Beeren, Hol-beeren, Amarellen, Maulbeeren, Weintrauben

werden alle von dem nemlichen Teig wie die
vorhergehenden Fruchttorten zubereitet.

Zwetschgen- und Prünellen-Torte.

Zur Füll werden die Zwetschgen oder Brü-
nellen gesotten, daß sie nicht viel Sauce haben,
die Kerne herausgenommen, Zucker, Zitrone,
Zimmt, Rosinen, Weinbeer und etwas Wein,
mit einer handvoll geriebenem Brod und etwas
Zitronenmark. So werden die süßen Torten und
die von Blätterteig gefüllt, bestrichen und gebak-
ken; die frischen Zwetschgen werden die Kerne
herausgenommen und nicht gedämpft.

Eingesetzte Torte mit Früchten.

Es wird ein runder blecherner Kochschart
genommen, von dem man den Rand herunter
thun kann, neben um den Rand herum mit Papier vermacht, daß das Fett nicht durchgeht.

Der Schart oder das Blech wird mit süßem Butterteig, der nicht zu dick ist, ausgelegt, der Boden mit eingemachten Johannisbeeren, Holbeeren, Hüftenmark, Weichseln oder Aprikosen ganz dünne belegt. Zu dem Guß nimmt man ¼ ℔ abgezogene, geriebene Mandeln, die Spitzen von den Mandeln werden gestoßen, 10 Eyer, ¼ ℔ fein geriebenen Zucker. Zucker und Mandeln werden in einer Schüssel mit 10 Eyerdottern abgerührt, das Weiße zu Schaum geschlagen, eine halbe Stunde wohl gerührt und in den Schart mit dem Teig und den Eingemachten gegossen und wie die andern Torten gebacken. Die Torte wird, wenn sie ein wenig kalt ist, mit Zucker und Zimmt bestreut; sie kann auch von schwarzer Mandel-Torten-Masse, wie schon bemerkt, gemacht werden.

Eingesetzte Torte mit Aepfeln und Quitten.

Der Teig wird wie bei den vorhergehenden in den Schart gelegt. Die Borstorfer-Aepfel werden geschält, in die Hälfte geschnitten, ausgehöhlt, mit Hüftenmark gefüllt, den Boden mit geriebenen Mandeln, Zucker, fein geschnittenen Pomeranzen-Schaalen belegt, daß das Gefüllte auf den Teig kommt, dann das halbe Pfund von dem schon bemerkten Mandeltortenteig darauf und wie die andern gebacken. Die Quitten werden in Viertheil geschnitten, mit Wein, Zucker und

Zitronenbizeleien, nicht zu weich gedämpft, daß sie nicht viel Sauce haben und nicht braun werden, läßt sie kalt werden und dann den Teig damit belegt. Ist die Torte gebacken, so wird sie mit Zucker und Zimmt bestreut. Diese Torte darf dreiviertel Stunde backen.

Aepfel im Schlafrock oder Eyerschwer.

Man nimmt einen dreifingerbreiten Schart, bestreicht den Boden mit Butter oder Schmalz und bestreut ihn mit geriebenem Brod. Die Borstorfer-Aepfel, von der Mittelsorte, werden geschält, ganz gelassen, mit einem Messer die Butzenstecher herausgenommen und mit Hüften oder andern eingemachten Früchten gefüllt. Für 8 Personen nimmt man zur Masse ein halb Pfund Schmalz oder Butter recht schäumig gerührt, 6 Eyerbotter zu dem abgerührten Schmalz oder Butter, ein halb Pfund Zucker eine halbe Stunde gerührt, das Eyweiß zu Schaum geschlagen und auch daran, dann ein halb Pfund fein Mehl und eine abgeriebene Zitrone dazu. Wann das Mehl daran ist, darf es nicht stehen bleiben, und werden die Aepfel in dem Schart damit überzogen, daß sie nicht heraußsehen, der Teig zieht sich schon auf den Boden, wird wie die andern Torten, aber nicht zu schnell gebacken, doch muß das Oefelein heiß seyn, daß der Teig aufgehen kann. Wann man mit einem Hölzlein hineinsticht, so merkt man wenn sie weich sind, und werden dann mit Zucker und Zimmt bestreut.

Aepfel mit Guß.

Die Aepfel werden hergerichtet wie die im Schlafrock. Anstatt den Teig nimmt man, nachdem der Schart groß oder klein ist, 4 bis 5 große Eyer, wohl abgeklöppert, 4 Loth Zucker, etwas Zimmt, solches wohl gerührt und in den Schart über die Aepfel gegossen und so gebacken. Ist der Schart groß, so muß der Guß vermehrt werden. Damit es sich nicht zusammenschockt, kann ein Eßlöffel voll fein Mehl mit dem Kern abgerührt werden und durchgeseiht, damit keine Mehlknollen darin bleiben.

Von süßen Torten ohne Teig.

Weiße Mandel-Torte.

Zu einem Tortenblech oder Schart, die nicht mehr so nieder wie sonst seyn dürfen, wird 1 ℔ süße Mandeln genommen, abgezogen, auf einen Tuch etwas abgetrocknet, gerieben, die Spitzlein gestoßen, 1 ℔ feinen Zucker und 20 Eyer. Mandeln und Zucker werden in einen Napf mit der Hand unter einander gemengt, die Eyerdötter daran, und so lange gerührt, bis der Schnee oder Schaum geschlagen ist; diesen daran und dreiviertel oder eine halbe Stunde gerührt. Der Schart

wird mit Butter oder Schmalz bestrichen und mit
fein geriebenem Brod bestreut. Sobald er eingefüllt ist, muß er in das Oefelein und langsam
gebacken werden. Der Schart bleibt einen Daumenbreit leer. Ist er fertig, so läßt man ihn ein
wenig stehen und thut ihn auf eine Tortenplatte,
bestreut ihn mit Zucker und Zimmt oder macht
ein Eis darauf. Zu dem Eis nimmt man ein
viertel Pfund ganz feinen Zucker, macht von
einem Eyweiß einen Schnee und thut den Zucker
daran. Er darf nicht zu sehr laufen, ist er zu
dick, so kann man ein paar Tropfen Zitronenmark daran thun, die Torte wird damit Messerrückendick überzogen; in den Ofen darf es nicht
mehr, es wird schon ohnedem hart und glatt.
Man kann es mit ein wenig Weinnelkensaft roth
machen, zwei Theile roth, zwei Theile weiß,
einen Rand von Pistazien und mit eingemachten
Früchten auslegen. Den Pistazien wird die Haut
abgezogen, abgetrocknet und fein gehackt und auf
den Rand ganz fein herumgelegt, ein Loth zu
einer Torte ist genug; eine abgeriebene Zitrone
in den Teig.

Schwarze Mandel-Torte.

Es werden ein Pfund süße Mandeln mit der
Schaale gerieben und gestoßen, ein Pfund Zuk-
ker, 20 Eyer genommen; Mandeln, Zucker und
Eyerdotter mit dem geschlagenen Eyweiß dreiviertel Stunden gerührt; dann kommt $1—1\frac{1}{2}$ Loth

Zimmt, 1 Loth Nelken, von einer ganzen Zitrone
die Bizelein, ¼ ℔ Zitronat und Pomeranzenschaalen, klein geschnitten, 2 Loth schwarzes, recht
braun gebähtes Brod recht fein im Mörser gestoßen und gesiebt. Den Schart bestreicht man
mit Schmalz, bestreicht und füllt ihn ein und
läßt ihn langsam backen. Man kann ihn mit
Zucker und Zimmt bestreuen oder mit Eis, Pista-
cien oder Chocolade-Eis, letzteres wird von ein
Eyweiß geschlagen, 4 Loth feinen Chocolade und
einem Loth Zucker gemacht.

Bisquit-Torte.

Muß vorzüglich von feinem Zucker seyn und
fester Schaum von frischen Eyern geschlagen werden. Zu einer großen Torte nimmt man 1 ℔
feinen Zucker, 16 Eyer, 20 Loth feines Stärkmehl und reibt eine Zitrone ab. Die 16 Dotter
werden in einer Schüssel gerührt, der Zucker
durchgesiebt und nach und nach daran gethan,
das Eyweiß zu Schnee geschlagen und auch dazu
und so eine halbe Stunde stark gerührt, dann
20 Loth Stärkmehl hinein, nicht mehr gerührt
und in den bestrichenen und bestreuten Schart gefüllt, langsam gebacken und mit Zucker bestreut.
Der Schart wird 2 fingerbreit leer gelassen, weil
diese Torte mehr als die andern aufgeht.

Carmeliter-Torte.

Dazu wird die Masse wie bei der Bisquit-
Torte genommen, außer statt 20 Loth Stärkmehl

22 Loth, etwas Zimmt, 4 Loth sehr fein länglicht geschnittene Mandeln, die eine Hälfte unter den Teig, mit der andern Hälfte wird der bestrichene Schart bestreut, ein halb Vierling Zitronat und fein geschnittene Pomeranzenschaalen, etwas Muscatenblüh oder Cordamomen und unter die Masse. Wann der Schart gefüllt ist, wird er oben mit halben Mandeln belegt, wie die andern gebacken und mit Zucker bestreut.

Sand-Torte.

Es wird ⅛ ℔ Schmalz und ⅛ ℔ Butter zu Schaum gerührt, von 14 Eyern die Dotter daran und mit dem Schmalz verrührt, dann 1 ℔ feinen Zucker eine halbe Stunde gerührt, 1 ℔ feines Mehl nebst einer abgeriebenen Zitrone daran, in den bestreuten Schart gethan und langsam gebacken.

Chocolade-Torte.

Es werden dreiviertel Pfund Mandeln mit der Schaale gerieben und gestoßen, dreiviertel Pfund Zucker, ein viertel Pfund fein Chocolade gerieben. Zucker, Mandeln und Chocolade in eine Schüssel, 14 Eyerdotter daran, das Eyweiß zu Schaum geschlagen, dann alles mit dem Schaum eine halbe Stunde gerührt. Ist die Chocolade nicht gewürzt, so darf man Zimmt und ein wenig Nelken daran thun; den Schart mit schwarzen, trocknen geriebenen Brod bestreut und nicht zu braun gebacken, Chocolade-Eis darauf und mit Pistazien oder weißen Streuzucker einen Rand herum gemacht. Man kann auch 2 Loth geröstetes oder gebähtes schwarzes Brod daran thun; es muß fein gestoßen und trocken seyn.

Anis-Brod.

Wird von der Bisquitmasse ein halb Pfund genommen, statt 10 Loth Stärkmehl 12 Loth, eine abgeriebene halbe Zitrone; für ein halben Kreuzer Anis. Hat man keinen langen blechernen Schart, so nimmt man starkes Papier, macht lange Kapseln, streicht sie mit Schmalz und geriebenem Brod an, läßt einen Daumenbreit leer und bäckt sie schön gelb. Ist das Brod kalt, so schneidet man es in Schnitten und bräunt es ab.

Carmeliter-Brod.

Wird die Bisquitmasse gemacht, aber 2 Loth Mehl mehr auf das Pfund; also die Masse ein halb Pfund Zucker, 8 Eyer, 11 Loth Mehl, ein halb Vierling fein länglicht geschnittene Mandeln abgezogen, ein halb Vierling Zitronat und Pomeranzenschaalen, eine halbe Zitrone hineingerieben nebst etwas Zimmt und in einem langen Schart oder Papier-Kapsel gebacken.

Von allerlei Koch.

Zitronen-Koch.

Dazu nimmt man für 8 kr. Weckbrod, schneidet die Rinde davon halb weg, und das übrige in Suppenschnitten in eine Schüssel, gießt eine halbe Maas gute Milch oder Kern darüber, läßt das Brod darin weichen und kocht einen nicht dicken Brei davon, thut ihn in eine Schüssel, rührt ihn um, daß er keine Haut bekommt. Dann rührt man in einer Schüssel ein viertel Pfund Butter, 6 bis 8 Loth Zucker und 12 Eyerdottern eine viertel Stunde unter einander und thut dieses unter den Brei. Etwas Zimmt, reibt von einer ganzen Zitrone die Schälfe auf dem Reibeisen darunter, schlägt die 12 Eyerweiß zu Schaum und rührt es daran. Der Schart wird mit Butter bestrichen, mit geriebenem Brod bestreut und schön gelb gebacken, und überstreut ihn mit Zucker und Zimmt. Man trägt ihn warm auf; auch das Mark von einer Zitrone.

Pomeranzen-Koch.

Wird die Masse gemacht wie bei dem Zitronen-Koch. Zu dem Pomeranzen-Koch werden 2 ganz

ganz große Pomeranzen oder 4 kleine genommen, von einer großen die Schälfe recht fein auf dem Reibeisen gerieben, daß nichts von dem Pelz dazu kommt, sonst wird er bitter; den Saft oder das Mark daran, wie die andern gebacken und oben mit Zucker und Mark belegt.

Reis = Koch.

Es wird ein halb Pfund Reis mit siedendem Wasser angebrüht und mit kaltem Wasser abgegossen; ein Tiegel mit Butter geschmiert, eine Maas gute Milch siedend gemacht und der Reis ganz dick darin gekocht. Ist die Milch nicht hinlänglich, daß er auskocht, so kann man noch welche nehmen. Dann werden 3 halbe Vierling Butter genommen, ein halber Vierling in den gekochten Teig gerührt, auf eine Platte gethan, daß er kalt wird, das halbe Pfund Butter wird abgerührt, 10 Eyerdotter, ein viertel Pfund Zucker, 4 Loth fein geriebene oder gestoßene Mandeln, 4 Loth Zitronat und Pomeranzenschaalen fein geschnitten, ein wenig abgeriebene Zitrone, dieses alles unter den abgerührten Butter mit den Eyern und unter den gekochten Reis gethan, das Eyweiß zu Schaum geschlagen, etwas Zimmt dazu und so in den bestreuten Schart gefüllt und gebacken. Die Mandeln und Zitronen können weggelassen werden.

6

Vorzüglicher Zitronen-Koch.

Der Koch-Schart, der dreifingerbreit seyn darf, wird mit einem süßen Butter-Teig ganz dünn bis an den obern Rand belegt, die Masse von 1 ℔ Mandeln, 1 ℔ Zucker, 1 ℔ weniger ein halb Vierling Butter, 20 Eyer, 2 große oder 3 kleine Zitronen hinein, die Schälfen der Zitronen wird am Reibeisen abgerieben, das Mark ausgedrückt, und ist noch nicht genug Zitronen-Säure daran, so wird noch ein Zitronenmark genommen. Die Butter wird schaumig gerührt, dann die Eyerdotter daran, die Mandeln werden abgezogen, auf dem Reibeisen gerieben und die Spitzen gestoßen, Mandeln und Zucker zu dem Butter und Eyerdotter gerührt, das weiße zu Schaum geschlagen und alles eine Stunde lang gerührt, dann den Saft oder das Zitronenmark dazu, in den Schart gefüllt und eine Stunde langsam gebacken; wann es gebacken ist, wird Zitronenmark mit Zucker oben darauf gelegt. Das Rühren ist bei diesem Koch die Hauptsache.

Aufgezogenes von Kindsbrei mit Zitrone oder Vanille.

Ein Becher, oder auch etwas weniger, Mehl, wird mit einem Seidlein guter Milch zu einem dicken Brei gekocht. Dann wird von ein viertel Pfund Butter ein wenig in den Brei gerührt, daß er nicht knollicht wird, der übrige Butter wird zu Schaum gerührt, 10 Eyerdotter und 6

Loth Zucker, nebst einer abgeriebenen Zitrone
daran, dann mit dem Brei recht glatt gerührt,
die 10 Eyweiß zu Schaum geschlagen und dazu,
den Schart mit Schmalz bestrichen, mit Bröd
bestreut, eingefüllt, 2 fingerbreit leer gelassen und
eine halbe Stunde langsam gebacken. So wie
er gebacken ist, muß er aufgetragen werden, sonst
fällt er zusammen. Statt der Zitrone kann man
für 24 kr. Vanille nehmen, und bestreut ihn mit
Zucker und Zimmt.

Koch von Bröd.

Für 5 kr. fein geriebenes Weckbrod, ein viertel Pfund Butter abgerührt, 12 Eyerdotter, das
Weiße zu Schaum geschlagen, ein viertel Pfund
Zucker und Zimmt, ein viertel Pfund Rosinen
und Weinbeeren oder 200 Weichseln, Johannisbeeren oder Holbeeren daran. Den Schart mit
Schmalz oder Butter geschmiert, mit geriebenem
Bröd bestreut, langsam gebacken und mit Zucker
und Zimmt bestreut.

Schüssel-Muß.

Man nimmt 3 Seidlein süßen Kern, thut
12 Eyer in einen Hafen mit Zucker, nachdem
man es süß haben will, recht gerührt bis die Eyer
aufgelöst sind, eine zinnerne Schüssel oder Blech
nur ein wenig mit Butter geschmiert, die Milch
hinein und in das Oefelein, wo das Feuer schon
abgebrannt ist, daß die Schüssel nicht schmilzt,

6 *

gesetzt und so lang stehen lassen, bis es anfangen
will zu kochen, dann nimmt man es heraus, läßt
es kalt werden und bestreut ihn mit Zucker und
Zimmt.

Eyer-Käß-Kuchen.

Es wird von süßen oder Blätterteig ein runder Kuchen gemacht, um selbigen ein Rand herum gelegt, und mit Eyer-Käß gefüllt. Zu den
Eyer-Käß nimmt man drei Seidlein Kern, 12
Eyer, 6 Loth Zucker und läßt dieses in einer
messingnen Pfanne oder runden Tiegel kochen,
daß es nicht anbrennt. Ist es zusammen gegangen, wird es abgeseihet, daß die Schotten davon
läuft, Zimmt, schöne Weinbeeren, die nicht klein
und mistig sind, darunter gerührt, den Kuchen
damit gefüllt, gebacken und mit Zimmt und Zucker
bestreut.

Von Hefe und Schmalz Gebackenen.

Abgerührte Gogelhopfen.

Ein halb Pfund Butter und ein halb Pfund
Schmalz werden eine halbe Stunde lang recht
schäumig gerührt, daß es fliegt; dann werden
24 Eyer genommen, 8 Eyweiß davon weggelassen, die Eyer nach einander, aber nicht zu schnell

hineingerührt, 1½ ℔ fein Mehl, eine Tasse schöne
weiße Hefe, eine abgeriebene Zitrone und 2 Loth
Zucker dazu, und recht abschlagen; ist die Masse
zu dick, so kann man sie mit ein paar Löffel Kern
verdünnen. Der Schart wird bestrichen und ge=
füllt, 2 fingerbreit leer gelassen, daß er nicht zu
viel geht und in einem ausgeheizten Ofen gebak=
ken. Ist er fertig, so stürzt man ihn nicht so=
gleich heraus, läßt ihn aber auch nicht zu lange
stehen, sonst wird er weich. Statt der Zitrone
kann man auch Muscatennuß daran reiben.

Abgerührter Gogelhopfen auf andere Art.

Ein halb Pfund Butter und ein halb Pfund
Schmalz werden wie oben eine halbe Stunde ge=
rührt. 16 Eyer und 1½ ℔ Mehl braucht man
auf folgende Art. Ist das Schmalz abgerührt,
so kommt ein Ey daran, dann 2 Löffel Mehl und
so immer ein Ey und 2 Löffel Mehl, bis alles
darin ist, dann eine Tasse Hefe, eine Tasse Milch,
Salz, eine abgeriebene Zitrone, 2 Loth Zucker
daran, den Teig recht abgeschlagen, eingefüllt,
gehen lassen und wie die andern gebacken. Es
können auch ein paar Loth Zitronat und fein ge=
schnittene Pomeranzenschaalen unter den Teig ge=
than werden.

Gefüllter Gogelhopfen.

Es wird die obige Masse gemacht und unter
den Teig ein wenig Zucker und Zitrone gethan.

Zu der Füll wird ein halb Vierling Mandeln abgezogen, fein gestoßen oder gerieben, 4 Loth Zitronat und Pomeranzenschaalen fein geschnitten, ganz feine Zitronen-Bizelein, 2 Loth Zucker, etwas Zimmt, ein Ey, das Eyweiß zu Schaum geschlagen und die Füll damit angemacht. Die Hälfte vom Teig wird in den hergerichteten Schart gethan, die Füll in der Mitte Fingerdick herum gelegt, die andere Hälfte Teig darauf, den Schart mit länglicht geschnittenen Mandeln bestreut und oben den Teig mit halben Mandeln belegt und dann mit Zucker und Zimmt bestreut; wann er gegangen, wird er gebacken. Die Füll muß gemacht werden, ehe der Gogelhopfen gerührt ist.

Gogelhopfen auf andere Art gefüllt.

Es wird der nemliche Teig gemacht. Ist man mit dem Rühren fertig ehe der Teig in den Schart kommt, so reibt man ein halb Vierling abgezogene Mandeln, 2 Loth geriebnen Zucker, 2 Loth geschnittene Pomeranzenschaalen, alles unter den Teig gerührt und so gebacken und mit Zucker und Zimmt bestreut.

Schweizer-Kuchen.

Es werden 4 Becher Mehl genommen, der dritte Theil mit Kern und Hefe zu einen Dampf abgerührt, dreiviertel Pfund Schmalz ebenfalls abgerührt, 6 Eyer daran und unter den gegangenen Teig, etwas gesalzen und das übrige

Mehl nach und nach daran, 4 Loth Zucker, ein halb Vierling Weinbeer, eine abgeriebene oder in Bizelein geschnittene Zitrone, Zimmt, ein halb Vierling klein geschnitten Zitronat und Pomeranzenschaalen, recht abgeschlagen, daß es ein Teig wird, der sich gut verarbeiten läßt; ist er zu fest, so kann man ihn mit Kern verdünnen. Das Blech zum Backen wird mit Butter oder Schmalz bestrichen, der Kuchen 2 Fingerbreit ausgedreht, einen fingerbreiten Rand herum, diesen inwendig schuppenartig mit der Scheere gezwickt, mit Eyern bestrichen und mit gehackten Mandeln, Zucker und Zimmt bestreut.

Ordinair Speck=Kuchen.

Man macht einen Dampf von 4 Bechern Mehl, die Hälfte des Mehls darf nur angesetzt werden. Ist der Dampf gegangen, wird ein halb Pfund Schmalz, oder auch mehr, mit 2 Eyern abgerührt und unter den Teig gethan. gesalzen, und das andere Mehl dazu; ist der Teig zu fest, so wird noch Milch dazu gegossen, recht abgeschlagen, gesalzen, ausgedreht, den Kuchen nach Belieben auf das mit Schmalz bestrichene Blech gesetzt, gehen lassen, mit einem feinen Messer ein Gitter darüber gestrichen, auf jedes einen Speckwürfel oder mit Zucker und Zimmt bestreut und gebacken.

Ofen=Klös.

Wird die Masse wie zu den Speckkuchen gemacht, in die Pfanne ohngefähr 12 Loth Schmalz

gethan, der Teig zu runden Klöſen gedreht, oben
mit Schmalz beſtrichen, gehen laſſen, und gebacken.

Weſpen-Neſter.

Wird der nämliche Teig zu einem breiten
Blatz, nicht zu dick ausgedreht, mit einem Pinſel
mit zerlaſſenen Schmalz beſtrichen, $\frac{1}{4}$ ℔ Roſinen
und Weinbeer, etwas Zimmt und Zucker darauf
geſtreut, mit einem Rädlein in 2 fingerbreite
Stücken gerädert, zuſammen gerollt und in den
mit Schmalz beſtrichenen Schart oder Pfanne
geſetzt, gehen laſſen, gebacken und mit Zucker und
Zimmt beſtreut.

Kleine Speck-Küchlein.

Man rührt $\frac{1}{2}$ ℔ Schmalz recht ſchäumig ab
und ſchlägt 4 Eyer daran, geſalzen, ein halb
Vierling Zucker, ein wenig Zimmt, 3 Becher Mehl,
Löffelweis hinein gerührt, das Eyweiß kann zu
Schaum geſchlagen werden. Man macht runde
Laiblein, ſetzt ſie auf das mit Schmalz beſtri-
chene Blech, drückt ſie etwas platt, beſtreicht ſie
mit Eyern und beſtekt ſie mit Speck oder Mandeln, Zucker und Zimmt. Sollte der Teig zu
locker ſeyn, ſo darf noch etwas Mehl daran gethan werden. Von dieſem Teig können auch
Schnecklein und Flachs-Reiſen gemacht werden;
nebſt einer Taſſe Heſen und Milch.

Hefen-Küchlein.

Zu einer großen Masse werden 9 Becher oder Seidlein schön Mehl genommen. Zwei Drittheile des Mehls werden mit lauer Milch und Hefe zu einem Dampf angerührt und stark garben lassen, ein halb Pfund Schmalz abgerührt, 4 Eyer daran, für 2 Pfennige Fruchtbranntwein oder Kirschenwasser, Salz, ein paar Löffel Zucker und so wie einen Brodteig zusammen geknetet; dann Messerrückendick ausgedreht und auf Brettern gehen und nicht zu schnell backen lassen, sonst gehen sie nicht auf. Die obere Seite der Küchlein wird unten in die Pfanne gethan und so gelb gebacken, in eine Schüssel gelegt bis sie abgetropft haben, dann in einem Korb gelegt und mit Zucker bestreut. Der Teig muß recht abgeschlagen werden und nicht zu locker.

Spritzen-Küchlein.

Ein Seidlein Wasser wird in einer Pfanne mit 3 Loth Schmalz siedend gemacht, und wann es recht kocht, wird schnell so viel Mehl hineingerührt, daß es ein so fester Teig wird, der nicht mehr am Finger hängen bleibt und in der Pfanne ein wenig abtrocknen lassen, in eine Schüssel gethan, mit dem Kochlöffel ein wenig von einander und so viel Eyer nach und nach hineingerührt, daß er nicht knolligt wird. Nachdem das Mehl trocken ist, nimmt er die Eyer an. Die Dicke des Teigs muß die wie dicker Spatzenteig seyn, ein wenig gesalzen, mit einem Löffel in die Spritze gefüllt, das Schmalz darf man nicht zu heiß werden lassen und langsam gebacken. Von einer Spritze voll Teig können 3 Küchlein gemacht werden. Ist das Mehl trocken, so können zu einen Becher Mehl 4 bis 5 Eyer genommen werden; ist es feucht, so sind 3 Eyer genug. Sind sie gebacken, so bestreut man sie mit Zucker.

Spazier=Küchlein.

Hiezu wird der vorige Teig genommen, muß aber von Eyern etwas dünner seyn, dann kommt zu den Teig von 2 Bechern Mehl ein halb Vierling Weinbeer, ein halb Vierling Zucker, etwas Zitrone und Zimmt und ein paar Löffelvoll gestoßene Mandeln. Man legt sie in der Größe einer welschen Nuß, in nicht zu heißes Schmalz, wann sie zu geschwind gelb werden wollen, muß man sie vom Feuer weghalten und wenn sie nicht selbst aufspringen, muß man mit einem umgewandten Kochlöffel darauf schlagen, und bestreut sie mit Zucker und Zimmt.

Büchsen=Küchlein.

In Ermangelung einer blechernen Büchse kann man einen steinernen Hafen nehmen, setzt diesen in einen Tiegel mit siedendem Wasser und läßt es so lange sieden, bis der Teig fest ist; das Geschirr wird inwendig mit Schmalz geschmiert, daß der Teig herausfällt. Zu dem Teig wird genommen, ein Becher Mehl, 6 Eyer, ein Seidelein Korn, 3 Loth Zucker mit ein wenig Zitrone. Ist der Teig fest, so werden mit einem warmen Messer, Ringlein oder Hirschhörner herausgeschnitten und in Schmalz gebacken, es geht hoch auf und wird mit Zucker und Zimmt bestreut.

Rosen-Küchlein von saurem Rahm.

Ein Becher Mehl, ein halb Vierling Butter, 1 Eyerdotter, 4 Löffel sauren Rahm, aber nicht Milchrahm, sondern einen der von der Milch abgefaßt ist und 1 Loth Zucker, macht daraus einen Teig, überschlägt ihn wie den Butterteig, dreht ihn Messerrückendick aus; dann hat man blecherne Formen von verschiedener Größe, aus denen die Blätter geformt werden, sticht sie mit aus; bestreicht sie in der Mitte ein wenig mit Ey, daß sie beisammen bleiben; bestreicht sie mit Eyweiß, läßt sie langsam in Schmalz backen und bestreut sie mit Zucker und Zimmt.

Käs-Kugeln.

Rühre 2 Loth Schmalz schön glatt, oder statt des Schmalzes 4 Löffel dicken sauren Rahm, 14 Loth Parmasan- oder Emmenthalerkäse fein gerieben, zu dem gerührten Schmalz und Rahm gethan; dann 8 Loth fein Mehl dazu und unter einander gerührt; die Hand mit Schmalz fett gemacht, aus dem Teig 12 Kugeln gemacht und in nicht zu heißen Schmalz recht langsam gebacken und geschwungen, doch daß sie nicht aufschnappen und auf Papier gelegt. Statt Kugeln kann man sie auch birnförmig machen und eine Nelke oben darauf, an die Stelle des Stieles aber ein Stängelein Zimmt stecken. Ist aut zum Wein.

Gold-Schnitten.

Wird das Brod von Eyerkuchen oder großen mürben Eyerwecken genommen; es darf nicht ganz frisch seyn, daß es nicht zerfällt, in nicht zu dünne Schnitten geschnitten, und in zerklopften Eyern umgekehrt, in Schmalz schön goldgelb gebacken und mit Zucker und Zimmt bestreut.

Wein-Schnitten.

Es wird frisch gebackenes Weckbrod in Schnitten geschnitten und in Wein mit ein wenig Zucker oder auch in süßem Wein umgekehrt, daß sie nicht weich werden, dann in verklopften Eyern eingedunkt und in Schmalz gebacken und mit Zucker und Zimmt bestreut. Die Schnitten können auch in rothen Wein gedunkt werden.

Semmel- oder Bauern-Schnitten.

Dazu nimmt man 1 Becher Mehl, 6 Eyer, ein halb Seidlein Kern, etwas Salz, macht daraus einen Teig, taucht die Schnitten darein, daß das Brod nicht heraus schaut und in Schmalz immer 4—5 miteinander gebacken, daß sie schön kraus werden und mit Zucker bestreuen. Ist der

Teig zu dick, so darf man noch ein wenig Milch daran thun.

Strauben-Küchlein.

Zu einem reichlichen Seidlein Mehl 8 Eyer, ein halb Seidlein Kern, den Teig mit ein wenig Salz angemacht, in einer nicht zu großen Pfanne Schmalz heiß werden lassen, den Teig mit einem großen Löffel herum laufen lassen, daß es schön kraus wird, nicht zu dick, aber auch nicht zu dünn von Teig, sonst bekommen sie Löcher und zerfallen wenn man sie herausnimmt.

Waffel-Küchlein.

Es wird ein halb Pfund Schmalz recht schaumig gerührt, 8 Eyer, drei achtel Pfund Mehl, 1 Seidlein Kern daran, gesalzen, aber keinen Zucker daran, davon sie weich werden; man kann auch ein paar Löffel Hefe daran thun. Das Eisen läßt man heiß werden, bestreicht es mit Schmalz, gießt den Teig hinein und bäckt es über Kohlen schön gelb.

Schneeballen oder Krapfen.

Man nimmt 12 Eyer, 5 Eyweiß davon und macht mit 3 Loth Butter, 1 Löffel Zucker, ein wenig Salz, ein paar Löffel Fruchtbranntwein einen Teig, wie zu Nudeln, theilt ihn in 12 bis 14 Laiblein, dreht sie zu runden Bläzlein mit dem Küchlein-Rädlein aus; schneidet sie mit dem

Nüdlein in dünne schmale Streifen, die alle beisammen bleiben, fäßt sie mit einem Kochlöffel auf und bäckt sie so im Schmalz. Die Pfanne darf nicht zu groß seyn, sonst zerfallen sie.

Auflauf.

Zu dem Auflauf wird 1½ Becher Mehl, 12 Eyer, ein Seidlein Korn genommen; ist das Mehl gut, so braucht man noch ein halb Seidlein Kern; denn wenn der Teig zu dick ist, so wird er zu fest und geht nicht auf. In die Pfanne kommt ein reichlicher Vierling Schmalz, thut den Teig hinein und läßt ihn eine Stunde langsam backen.

Untereinander oder Bauern-Eyernschmalz.

Eine Maaß Mehl, 12 Eyer, eine Maaß gute Milch zu einem Teig angemacht, gesalzen und in der Pfanne in Schmalz über dem Feuer gebacken. Ist es auf der einen Seite braun, so wird es auf die andere gewendet, in kleine Stückchen zerstochen und so angerichtet. Wann man es auf dreimal bäckt, wird es bald fertig, und nimmt jedesmal ein halb Vierling Schmalz zum Backen und den dritten Theil vom Teig.

Eyer-Blatz.

Es werden für 5 kr. nicht altgebackenes Weckbrod geschnitzelt, 12 Eyer mit einer Caffe

taffe voll Milch in einen Hafen abgeklöppert, das
geschnittene Brod hinein, ein wenig Salz und
Schnittlauch dazu; in die Pfanne ein viertel
Pfund Schmalz; wann dieses heiß ist, die Masse
hinein, mit einem Kochlöffel zusammengedrückt,
daß es schön beisammen bleibt, dann auf keinem
großen Feuer langsam gebacken, daß er nicht anbrennt, ein paar Mal umgewandt bis er ausge-
backen ist und eine schöne Farbe hat; kann auch
in der Fleischbrühe gesotten werden.

Mehl-Eyer-Blatz.

Es werden 2 Loth Schmalz abgeführt, fünf
Eyer daran, einen halben Becher Mehl, ein wenig
Salz, Muscatennuß, die Pfanne nicht zu groß
genommen, daß er hoch wird, das Schmalz nicht
zu heiß werden lassen, den Teig hinein, langsam
gebacken und in der Brühe gesotten.

Vom Salat.

Grüner Haupt= oder Kopf=Salat,

Wird schön geputzt, die großen Dorschen heraus, das Grüne davon gewaschen, in einen Seiher ablaufen lassen, gesalzen, gepfeffert, mit Essig und guten Oehl angemacht, aber nicht eben= der als bis er auf den Tisch kommt, entweder grüne Zwiebeln oder Schnittlauch daran. Thut man einen Löffel voll Zucker dazu, so ist er weit angenehmer, weil er dem Essig die Säure nimmt.

Cucummern oder Gurken.

Wird nach jetziger Art geschält, geschnitten oder gehobelt und gleich mit Essig, Oehl, Salz und Pfeffer angemacht. Viele Personen lieben wenn sie gesalzen und ein wenig ausgedrückt sind.

Schaafmäulein oder Brunnen= und Gar= ten=Greß, Bohnen=, Sellerie=, Weg= warten=, rothe Rüben=, Erdäpfel=, En= divien, Kraut=, Kräuter=Salat.

Zu rothen Rüben=Salat werden dunkelrothe genommen, weich gesotten, abgeschält, in Blätze geschnit=

geschnitten, Salz, Pfeffer und Weinessig darüber, Meerrettig oder Green in kleine Würfelchen geschnitten und dazu. Man hebt sie in einem steinernen Hafen oder irdenen Geschirr auf, und halten sich sehr lange.

Wegwarten.

Die Wegwarten werden in Wasser weich gesotten, dann eine halbe Stunde in kaltes Wasser gelegt, daß sich das Bittere herauszieht, und mit Salz, Pfeffer, Essig und Oehl angemacht, wann sie auf den Tisch kommen. Die andern werden mit dem Essig aufbehalten.

Spargel-Salat.

Wird der dicke Spargel genommen, nicht geschabt, sondern geschält, weich gesotten, daß die Köpfe nicht abfallen und mit Essig, Oehl, Salz und Pfeffer angemacht.

Gelbe Rüben-Salat.

Es wird ein Teller voll schöne gelbe Rüben gerieben, solche mit einem Löffel Zucker und einem Zitronenmark angemacht; dann ist er fertig.

Aepfel-Salat.

Die Borsdorfer-Aepfel werden geschält, die Butzen herausgenommen, oder in die Hälfte zerschnitten und in einer messingenen Pfanne mit Wein, Wasser, Zitronen, Zimmt und Zucker gesotten; wann sie weich sind, werden sie auf die Schaale gesetzt, das Uebrige in der Pfanne gesotten, daß es nicht zu dünn wird, und durch den Seiher auf die Aepfel gethan und mit Zitronen und Zucker ausgelegt.

Quitten gedämpft.

Die Quitten werden in Viertel geschnitten und wie die Aepfel zusammengerichtet.

Brünellen, Zwetschgen, Birn, Weichsel.

Muß alles sehr lang mit Wein und Wasser, auch ohne Wein, mit etwas Zucker, Zitrone und Zimmt gekocht werden, daß wenig Sauce daran bleibt. Die Birn mit Zucker, etwas Zimmt, Negelein; 3 Stunden dämpfen, daß sie roth werden, thut man eine kleine Zwiebel mit der Schälfe daran.

Schnittlauch-Salat.

Man schneidet ohngefähr 8 Büschelein Schnittlauch recht fein, siedet 2 Eyer nicht zu hart, thut das Weiße davon, nimmt die Dotter heraus, rührt sie mit Essig fein ab, thut den Schnittlauch hinein und etwas Salz, Pfeffer und Oehl daran, daß es nicht zu dick ist.

Sellerie- und Kraut-Salat

wird, wann der Sellerie weich ist, mit Oehl und Essig, das Kraut kalt oder mit siedendem Essig angemacht.

Italienischer Salat.

Man nimmt ein viertel Pfund Sardellen und ein halb Vierling Cappern. Die Sardellen werden abgeschuppt, die Gräte herausgenommen, daß sie beisammen bleiben und rollt sie zusammen; dann einen Hering abgezogen, die Gräte heraus und in Würfel geschnitten, Cervelatwürste in dünne Schnitten geschnitten, Oliven, Bricken, Hering um den Rand des Tellers oder der Salat-Schüssel gelegt; dann in vier Abtheilungen, in zwei die Sardellen, in zwei die Bricken, dann Oliven; in der Mitte die Cappern, oben in die Cappern die Schwänzlein vom Hering darauf; um den Rand bei den Würsten, gelbe und rothe Rüben gesotten, zierlich ausgeschnitten, auch Eyer, nicht weich gesotten und das Weiße ausgezackt, die Dotter darauf, mit Oehl und Essig übergossen und mit geschnittnen Zitronen belegt und Lorbeerblätter, Rosmarin und Zitronenblüh ausgeziert. Schaafmäulein, Haupt-Salat, Kimmerling, Spargel, Bohnen, Hopfen, Erdäpfel, Endivien, Brungreß, Gartengreß, alles gewöhnlich mit Essig und Oehl gemacht.

Von Saucen.

Sardellen-Sauce.

Es werden 6 oder 8 Sardellen ausgegrätet und fein gehackt; dann in Butter-Mehl wohl gelb geröstet und mit guter Fleischbrühe angerührt, Zitronenmark, Bizelein und Muscatenblüh daran und so kochen lassen, daß es nicht allzudick ist.

Cappern-Sauce

wird das Mehl wohl gelb geröstet; wann es nicht gelb oder bräunlich ist, sieht es unappetitlich aus; 3 Loth Cappern, die eine Hälfte gehackt, aber nicht fein, die andere Hälfte ganz, mit Fleischbrühe, Zitronen und Muscatenblüh oder Cordamomen und mit ein wenig Essig oder Wein und ein wenig Zucker angemacht.

Mandel-Green, oder Meerrettig

wird gerieben, 2 Loth Mandeln gestoßen, Kern daran, auch ein paar Löffel Brühe, ein wenig Butter und Zucker.

Zimmt-Sauce über gebratene Schweins-Schlegel.

Man bähet etliche Schnitten Weckbrod schön gelb, daß es nicht verbrennt, läßt es mit Fleischbrühe und Wein kochen, treibt es durch den Seiher, thut von der Bratenbrühe, die nicht fett seyn darf, Zitronen, Cordamomen und einen Löffel gestoßenen Zimmt daran. Ist es zu sauer, thut man ein wenig Zucker daran. Der Schlegel wird sauer gebraten.

Bori-Brühe.

Drei bis vier Stengel Bori, das Aeußere und Grüne davon, in Bläße geschnitten, in Fleischbrühe gekocht und mit Buttermehl angerührt und gewürzt. Ist zum Rindfleisch gut.

Chalotten-Brühe zu Lammsbraten.

Die Chalotten, wann sie abgezogen sind, werden in Fleischbrühe gekocht, gelbes Butter-Mehl daran und etwas von der Bratenbrühe nebst sauern Rahm, ein wenig Cordamomen und Zitronen.

Sauerampfer-Sauce.

Es wird eine gute Handvoll Sauerampfer genommen, solcher schön gewaschen, daß das grüne Wasser davon kommt, recht fein gewiegt, mit 6 Loth Butter und einem Löffel Mehl geröstet; dann gute Fleischbrühe daran und mit Musca-

tenblüh gewürzt; man kann es zu eingemachten
Kalbfleisch gebrauchen.

Eyerplatz mit Rosinen und Weinbeer.

Es wird vor 4 kr. neugebackenes Weckbrod
genommen, in Schnitten geschnitten, ein halben
Schoppen weißen oder rothen Wein, gezuckert
und über die Schnitten gegossen, daß sie angefeuchtet werden; dann 10 Eyer verklopft, 6 Loth
Rosinen und Weinbeer, nebst etwas Zimmt und
Zitronen über die im Wein geweichten Schnitten
gethan, und ist es nicht süß genug, noch etwas
gezuckert, dann in Schmalz wie die Eyerplätz
gebacken. Man kann ihn, wann er aufgetragen
wird, zuckern, oder in Wein aufsieden lassen und
wie einen Pudding auftragen. Auch mit Weichseln, Kirschen und Johannisbeeren statt Rosinen
nehmen.

Gebackene Eyer in Zwiebel-Sauce.

Die Eyer werden wie die Ochsen-Augen gebacken, die Sauce nicht zu dick, in eine Platte
gethan, die Eyer schnell gebacken und auf die
Sauce herum gelegt, aber nicht kochen lassen,
damit sie nicht hart werden.

Kalte Schaalen.

Kalte Schaale von Bier.

Es wird schwarzes Brod gerieben, nachdem viel Personen sind, fein geschnittene Zitronen, Zimmt, Zucker nach Belieben; ein wenig Nelken, Weinbeer, Braunes- und Weitzenbier daran, daß es nicht dick wird und so aufgetragen.

Kalte Schaale von weißem Wein.

Man nimmt Zwieback, stößt ihn im Mörser, reibt Zucker auf Zitronen ab, Zimmt, Weinbeer die schon geklaubt und gewaschen sind, daß der Wein nicht trüb wird, solche in Wein und Zucker gesotten, daß sie auflaufen; wann sie kalt sind darunter und mit Wein verdünnt.

Von Milch.

Man nimmt 1½ Seidlein Kern, läßt es sieden, kläppert sechs Eyerdotter mit Zucker und Zimmt ab, rührt es mit der siedenden Milch an

und wann es angezogen, gießt man es in eine
Schaale, das Eyweiß wird zu Schaum geschlagen, mit ein wenig feinen Zucker und abgeriebenen Zitrone, Milch in einer Pfanne siedend gemacht, das Weiße wie Spatzen eingelegt und
einen Wall aufsieden lassen und so den Schnee
auf die Milch mit den Eyern gesetzt und kalt
werden lassen, dann mit etwas Zimmt und Zuk-
ker bestreut.

Von Schwarz- und Erdbeeren.

Ein Seidlein schön ausgelesene Erdbeeren,
ein halb Seidlein Schwarzbeere, nach Belieben
ein wenig gezuckert und ein Seidlein guten süßen
Kern oder Rahm kalt darüber gegossen.

Kalte Schaale von Geflügel.

Es werden Hühner weiß gebraten, nicht bestreut, und läßt sie kalt werden, so auch Enten
gespikt und sauer gebraten, Bressillein oder Kalbsschlegel geklopft, alle Häute davon gethan, gespikt, mit Lorbeerblättern, Zitronen und Muscatenblüh gebraten. Wenn diese Sachen kalt sind,
werden sie schön trenchirt, auf eine Platte unter
einander aufgeschlichtet, die Bratensauce durch-
geseihet, das Fett weggethan, daß es eine Sulze
wird, und mit dieser Sulze, Zitronen und Lorbeerblättern ausgeziert.

Von Schinken.

Der Schinken wird in dünne Schnitten geschnitten, eine gedürrte Zunge auch so geschnit-

ten und Salamiwürste in Bläzlein geschnitten, von
diesen ein Rand um die Platte gelegt; dann
Zunge und Schinken herumgelegt und mit Sulze
und Zitrone ausgeziert.

Von Ochsenfuß oder Maul.

Wann solcher weich gesotten und kalt ist,
wird er dünn geschnitten, ein Hering gewaschen
und geschnitten, Borstorfer oder andere Aepfel in
kleine Würfel geschnitten und mit Zwiebeln, Oehl,
Essig und etwas Pfeffer angemacht.

Vom Gebackenen.

Kirschen- oder Weichsel-Kuchen.

Man nimmt für 4 kr. Weckbrod, reibt die
Rinde davon ab und weicht es in Milch ein; ist
es weich, so drückt man es aus, rührt ½ ℔ Butter ab, ¼ ℔ Zucker daran, ⅞ ℔ abgezogene und
gestoßene Mandeln, 6 Eyer, etwas Zitronen,
Zimmt, 200 Kirschen oder Weichseln darunter,
den Schart mit Schmalz bestrichen, mit Brod
bestreut, die Masse hineingethan und langsam
gebacken und mit Zucker bestreut.

Gerührter Weichsel=Koch.

Es werden 12 Loth Zucker genommen, solche mit
7 Eyern eine viertel Stunde lang gerührt, 12 Loth
mit der Schelfe gestoßene Mandeln, 12 Loth
geriebenes schwarzes Brod, das nicht feucht ist;
1 Quintchen=Nelken, ¼ Loth Zimmt, Zitronen=
Schelfe gut abgerührt, 200 Weichseln oder
schwarze Kirschen daran; so man will, kann man
die Kerne heraus thun, den Schart mit Schmalz
bestreichen und mit Brod bestreuen, langsam bak=
ken und dann mit Zucker und Zimmt bestreuen.

Mandel=Kuchen.

Man stößt einen Vierling abgezogene Man=
deln mit Rosen=, Orangen= oder Pommeranzen=
Blühwasser fein, rührt sie mit ¼ ℔ Zucker, 2
ganzen Eyern und 4 Dottern eine halbe Stunde,
reibt eine Zitrone daran, macht einen runden
Kuchen von süßen oder Blätterteig, gießt den
Teig darauf, läßt einen Daumenbreit leer, macht
einen Deckel darauf mit einem Muster, an den
Rand macht man Kappen, bestreicht ihn mit
Eyern und bäckt ihn, daß er schön aufgeht und
bestreut ihn mit Zucker und Zimmt.

Ulmer=Brod.

Es wird ein Diethäuflein oder vier Maaß
Mehl genommen, die Hälfte mit guter Milch und
Hefen zu einem Dampf angerührt; wann es ge=
gangen, daß es wieder einfällt, dann nimmt

man ¼ ℔ Zucker, eine abgelebene Zitrone, 3 Eyer, ¼ Vierling Butter oder Schmalz, ½ Loth Anis; wer ihn aber nicht liebt, nur einen Eßlöffel voll, schlägt dieses alles zu einen festen Teig und wirkt es auf dem Brett so lange, bis der Anis herausfällt, macht einen langen Kipf davon, läßt es auf dem mit Mehl bestreuten Blech gehen oder garben, doch nicht zu lang, daß es nicht löchericht wird; es muß gewirkt werden, daß kein Mehl daran bleibt, weil es nicht gestrichen wird. In der Mitte macht man einen freien Schnitt durch; soll es aber glatt bleiben, so unterbleibt dieser Schnitt. Ist es recht ausgekühlt, so schneidet man es in Schnitten, bestreut es mit Zucker und wärmt es auf dem Blech im Ofen ab. Man kann es lange aufheben.

Kaffe-Küchlein.

Man läßt ein Seidlein gute Milch mit einem Stück Zimmt und 6 Loth Butter sieden; wann es siedet, kommt die Zimmt heraus und thut 14 Loth fein Mehl hinein; dann werden 6 Eyer nach einander hineingerührt und 6 Loth Zucker daran. Wann es recht abgeschlagen, wird es Löffelweis auf ein, mit Schmalz oder Mehl dünn bestrichenes Blech gesetzt und langsam gebacken; man kann sie mit Ey bestreichen und mit Zucker bestreuen.

Löffel-Küchlein.

Es wird ohngefähr ½ Seidlein Mehl mit 3 Eyern und guter Milch wie ein Eyerwammen-

teig ungerührt und etwas gesalzen. Dann dunke
man einen eisernen Schöpflöffel in heißes Schmalz,
lasse ihn ablaufen, und dunke ihn dann in den
Teig und halte ihn in das heiße Schmalz, schüttle
ihn dann ab, daß es gar gelb wird, lege sie auf
Papier und bestreue sie mit Zucker.

Mandel-Küchlein.

Es wird ¼ ℔ fein gestoßener Zucker, ¼ ℔
abgezogene Mandeln gestoßen, 4 Eyerdotter mit
dem Zucker eine halbe Stunde gerührt; das Weiße
zu Schaum geschlagen, die Schaale von einer
Zitrone zu feinen Bizelein gehackt und ein halb
Vierling Zitronen- und Pommeranzen-Schaalen
auch klein geschnitten. Dann setze mit einem Löffel kleine Häuflein auf Oblaten auf das Blech
und lasse sie schön gelb backen.

Hobel-Spähne.

Es wird ½ ℔ Mandeln abgezogen, mit Oran-
genblüh fein gestoßen, ¼ ℔ Zucker mit dem geschlagenen Weiß von 4 Eyern eine halbe Stunde
gerührt; die gestoßenen Mandeln daran, die
Schälfe von einer Zitrone auf dem Reibeisen gerieben, etwas Zimmt und den Saft von einer
halben Zitrone; streicht es auf ganze Oblaten-
Tafeln, nicht zu dick, und läßt sie langsam bak-
ken, daß die Oblaten nicht gelb werden. Sind
sie fertig, so schneidet man sie wann sie noch
warm sind, in Streifen wie Hobelspähne und rollt

sie geschwind um ein Hölzchen, und mit Zucker und Zimmt bestreut.

Thee-Brod.

Es wird ¼ ℔ Butter oder Schmalz recht schäumig gerührt, 4 Eyer nach einander daran geschlagen, ein wenig Salz, 4 Loth Zucker, soviel feines Mehl daran, daß es ein leichter Teig wird, den man auswirken kann, dann nimmt man etwas davon, dreht es aus, daß es ganz dünn wird; schneidet viereckigte Stücklein und diese wieder entzwei, daß sie wie ein halbes Halstüchlein sind, macht eine Füll von ¼ ℔ fein gestoßenen Mandeln, 6 Loth Zucker, 4 Loth fein geschnittenes Zitronat und Pommeranzenschaalen, ein wenig abgeriebene Zitrone und Zimmt, rührt es mit einem Eyweiß an, nimmt den gespaltenen Teig, thut von der Füll einen Caffelöffel voll darauf, rollt es zusammen wie ein Hörnlein, bäckt es auf den Blech im Oefelein und bestreut es mit Zucker und Zimmt.

Vom Fleisch-Einpöckeln.

Die Schinken einzusalzen und zu räuchern,
ist es das Beste, wann man sie, so wie die
Schweine gestochen und zerlegt sind, gleich ein-
salzt. Man nimmt dazu eine Schüssel voll Salz
und mischt ¼ ℔ fein gestoßenen Salpeter darunter. Nachdem es viel oder wenig Fleisch ist,
wird ein Schaff oder Faß zur Hand gesetzt, die
Stücke Fleisch oder Schinken herausgewaschen
und so naß mit ein paar Handvoll vom Obigen
recht eingerieben. Der Boden des Schaffes oder
Fasses wird mit einer handvoll Salz, Lorbeerblätter, ganzen Pfeffer, Rosmarin und Salbei
belegt, das Fleisch lagenweis fest auf einander
gepackt und jede Lage mit dieser Sache belegt.
Ist das Gefäß voll, so wird es mit Salz überstreut und mit Weinblättern überlegt, mit einen
Deckel zugedeckt und mit Steinen oder Gewichten
beschwert. So läßt man es 3 bis 4 Tage stehen,
bekommt es keine Brühe oder Lack, so wird Salzwasser angemacht und darüber gegossen. Ist es
ein Faß, was man zum Einpöckeln des Fleisches

genommen hat, so wird es zugeschlagen, in den
Keller gesetzt und alle Tage umgewandt; ist es
aber ein Schaff, so wird ein Tuch darüber gebreitet, mit einem Brett zugedeckt und ebenfalls
beschwert; nach vier Wochen ist es fertig und
kann im Schlot oder in der Rauchkammer aufge-
hangen werden. Was man aus dem Salz essen
will, kann, wenn es ordentlich eingesalzen ist,
den Winter über bleiben. Die Schweinszünglein,
wann sie geräuchert werden, können mit etwas
Wachholderbeeren bestreut werden; auch die Schinken.

Pöckel-Fleisch.

Von dem Rind- oder Ochsenfleisch werden
6 bis 8 ℔ schöne Riemen, sogenannte Ortschaa-
len oder Schlegelfleisch genommen, wie das
Schweinfleisch zugerichtet, nur muß von dem
Rindfleisch das viele Fett wegkommen, und stark
mit Salz und Salpeter eingerieben, weil es nicht
so fein und zart wie Schweinfleisch ist, und viel
Lorbeerblätter, Rosmarin, Salbei, Thymian,
ganzen Pfeffer und Wachholder dazu. Auch die
sogenanntn Mäuslein vom Ochsen werden mitge-
salzen, in Papier eingewickelt und geräuchert.
Wann dieses ein paar Tage steht, so wird es
Lack bekommen; sollte es nicht seyn, so kann man
Salzwasser daran gießen. Ist es ein großes Faß
mit Fleisch, so wird es zugeschlagen und alle
acht Tage umgewandt und kann vor Weihnach-

ten bis Ostern gut bleiben. Kleinere Massen können in frankfurter Häfen oder Schäfflein alle 3 bis 4 Wochen gemacht werden. Will man es räuchern, so muß das zu viele häutige Fett weggethan, und in Papier eingewickelt werden, damit es nicht so hart wird.

Sehr guter Preßsack.

Es wird 3 ℔ Bratwurstgehäck und 1½ ℔ schweiners Lebergehäck unter einander gemengt, gesalzen, gepfeffert, von einer ganzen Zitrone die Bizelein, Cordamomen, ¼ ℔ Speck in ganz feine Würfel geschnitten und alles unter einander geknetet, ein halb Seidlein Schüpfbrüh daran und in zwei Dümpfel oder Schweinssäcke gefüllt und im Kessel oder Hafen geschüpft. Sind sie fertig, so werden sie zwischen zwei hölzerne Teller gelegt, mit einem Stein beschwert und den andern Tag kalt aufgeschnitten.

Schwarten Magen.

Wann die Speckschwärtlein verschüpft sind, werden sie Fingerlang geschnitten, so auch die Ohren, Rüssel und Fleisch, welches ein guter Theil seyn muß und länglich oder in Würfel geschnittener Speck daran, gut gesalzen, gepfeffert, Majoran, Nelken, Zitronen-Bizelein und mit ein Seidlein Blut und ein halb Seidlein Milch; diese Masse angemacht, den Schwarten-Magen damit

damit gefüllt und dann im Kessel oder Hafen gethan. Wann er eine halbe Stunde gesotten hat,
so muß man ihn mit einem Tuch herausnehmen
und schütteln, daß er schön gleich wird, läßt ihn
noch eine halbe Stunde langsam sieden und beschwert ihn. Man muß das Wasser immer mit
frischem Wasser abschrecken, wann die obere Haut
ein wenig aufspringt, ist er fertig.

Bratwürste.

Von 3 ℔ Fleisch kann man 24—30 Stück
Bratwürste bekommen. Das Fleisch wird abgehäutet und auf dem Hackbrett fein gehackt, der
Speck in kleine Würfel geschnitten. Das Fleisch
wird beim Hacken mit einer halben Tasse Wasser
angefeuchtet, damit es sich nicht anhängt. Ist es
beinahe fein, so wird der Speck darunter gehackt,
gesalzen, gepfeffert, Zitronenbizeleien, auch wenn
man will, ein wenig Majoran, alles mit der
Hand unter einander gemengt, in die Gedärme
gefüllt, länglicht gestrichen, daß sie nicht aufschnappen und auf dem Rost gebraten. Man
kann sie auch dörren, oder mit Sardellen oder
Schalotten machen.

Vom Einsalzen der Gemüse, Bohnen, Sauerkraut, Gurken, Rübleins=Kraut.

Bohnen nach Frankfurter Art.

Es werden junge Bohnen genommen, ge=
putzt, länglicht geschnitten, in einen Kessel oder
Hafen eine viertel Stunde lang gesotten, in einen
Korb ein Tuch gebreitet, die Bohnen hineinge=
legt, läßt sie ablaufen und kalt werden. Dann
wird ein Fäßlein, Schaff oder steinerner Hafen
genommen, der Boden mit Weinlaub oder Blät=
tern belegt und eine Lage von den erkalteten Boh=
nen gemacht, gesalzen, ein wenig Pfeffer, ein
paar Lorbeerblätter, Bohnenkraut, dann wieder
eine Lage Bohnen und so damit fortgefahren bis
alles darin ist, und oben darauf wieder Wein=
blätter, ein Tuch darüber und mit einem Brett=
lein bedeckt, kaltes Wasser daran, beschwert, in
den Keller gesetzt und vergähren lassen. Sollen
sie gekocht werden, so werden sie über Nacht ge=
wässert, in weichem Wasser gebrüht, daß das
Salz davon kommt und wie die frischen Bohnen
gekocht.

Sauerkraut.

Dieses wird um Michaelis oder Martini eingemacht. Wenn es vom Feld kommt, wird es einige Tage in die Stube gelegt, damit es abschwelkt und die Dorschen und Ribben besser herausgehen und der Krautschneider es feiner schneiden kann. Es wird in einem Schäfflein eingemacht; ist es aber eine große Menge, so wird ein Zuber oder Faß dazu genommen und mit einem Stämpfel festgedrückt, oder mit den Füßen eingetreten. Man nimmt einen Theil von dem geschnittenen Kraut, dann eine Handvoll Salz, ein wenig Kümmel oder 12 Wachholderbeere und wieder Kraut; auf diese Art wird alles Lagenweis hineingethan. Ist alles darin, so wird es mit Krautblättern überlegt, ein Tuch und Bretter darauf und mit einem Stein oder Gewichten beschwert. Es kommt nicht eher in den Keller, als bis es vergohren hat, das ist, bis es oben einen Gischt bekommt; den Lack bekommt es selbsten. Wird es schimmlich, was alle 3—4 Wochen geschieht, dann wäscht man das Tuch und die Blätter, oder thut frische dazu. Hat es zu wenig Lack, so übergießt man es mit Salzwasser, und das Kraut bleibt bis Späthherbst zum kochen gut. Ist es zu sauer, wann man es kocht, so wird es recht ausgedrückt oder gewaschen.

Rübleins-Kraut.

Wann die weißen Rüben vom Feld kommen, werden die Blätter oder Kräuter abgeschnitten, in die Stube gelegt, die andern in den Keller, dann werden sie geschält, in einen viereckigten Kasten gethan und durch eine Mannsperson mit zwei großen Messern fein zusammen gehackt, und dann wie das Kraut mit Salz und Kümmel eingemacht, beschwert und wie das Kraut im Keller aufbewahrt; es muß sehr fein gehackt werden.

Essig-Gurken oder Cucummern.

Zum Einmachen der Gurken ist an Johannis die beste Zeit, jedoch ist zu beobachten, daß, wenn es um diese Zeit viel regnet, die Gurken schwarze Flecken bekommen, die dann in Fäulniß übergehen. Man bricht sie bei schönen Wetter, läßt sie ausgebreitet ein paar Tage liegen, dann werden sie gewaschen, legt sie in einen Korb und läßt sie ablaufen. Zu diesen Essig-Gurken werden von der kleinern und mittlern Gattung genommen. Man stellt zu einen halbeimerigen Faß 3 Maas Salz zur Hand, in das Faß kommen Weinblätter und unter das Salz gröblich gestoßener Pfeffer; dann wird eine Hand hoch Gurken eingelegt, eine Handvoll Salz und Pfeffer, etwas gestoßene Nelken, 2—3 Lorbeerblätter, Gurkenkraut, Fenchel und ein wenig Rosmarin und so Lagenweiß fortgefahren bis das Faß voll ist, dann wird Weinessig kalt darüber gegossen, daß es darüber geht und mit Weinblättern belegt. Schlägt es mit einem Deckel zu, thut es in den Keller und wendet es alle acht Tage; in vier

Wochen sind sie fertig. Auch können sie in Brük-
kenauer Häfen, wo 1000 Stück hineingehen, eingemacht werden.

Salz-Gurken.

Dazu werden von der großen Sorte genommen, doch nicht so groß wie die Saamen-Gur-
ken. Sie werden mit Salz, Pfeffer, Fenchel,
Gurkenkraut zusammengemacht, mit frischem Wasser übergossen und wie die Essiggurken aufbewahrt.

Hohlbeer-Essig.

Es werden vier Maas ausgezeitigte Hohl-
beere in eine irdene Schüssel gethan, 3 Seidlein
guter Wein-Essig darüber und läßt ihn zweimal
24 Stunden stehen. Dann windet man ihn durch
ein reines Tuch, doch darf das Tuch nicht so
dünne seyn, daß das Mark von den Hohlbeeren
mit durchgeht, und läßt ihn in einer messingenen
Pfanne oder irdenen Tiegel, worin noch kein
Fett war, mit 2 ℔ guten Zucker auf Kohlen so
lange kochen, bis er einen Daumenbreit eingekocht
ist und rührt ihn öfters herum, gießt ihn in eine
steinerne Schüssel, läßt ihn kalt werden und füllt
ihn in grüne Bouteillen, die man Daumenbreit
leer läßt, verpfropft ihn gut und hebt ihn an einen
trocknen Ort auf. Er hält sich Jahre lang.

Weichseln in Essig einzumachen.

Die beste Zeit Weichseln einzumachen ist Ende Juni oder Anfangs Juli. Zu 600 Weichseln braucht man ein Zuckerglas, 3 Maas haltend. Man nimmt süße Johannis-Weichseln, 1¼ ℔ geriebenen Zucker, 3 Loth Zimmt, 2 Loth Nelken gröblicht gestoßen. Auf den Boden des Glases thut man eine Handvoll Zucker und Gewürz; dann 4 fingerbreit Weichseln, dann wieder Zucker und Gewürz, Weichseln und so fort bis das Glas voll ist. Dann wird kalter Weinessig darüber gegossen, mit starkem Papier zugebunden, mit einer Nadel Löcher hineingestochen und 14 Tage lang vor das Fenster in die Sonne gestellt, mit einem Stekelein öfters aufgehoben, daß der Zucker sich nicht auf dem Boden festsetzt. Ist der Zucker aufgelöst, dann wird das Glas mit einer Blase zugebunden und an einem trocknen Ort aufgehoben. Sie halten sich 6—8 Jahre.

Punsch zu machen.

Bei diesem müssen vorzüglich der Arak und die Zitronen gut und saftig seyn. Zu einer Kanne von 3 Maas Wasser nimmt man eine Bouteille Arak und 5 gute Zitronen, reibt eine Zitrone auf Zucker ab, drückt den Saft der Zitronen aus, thut ¼—1 ℔ Zucker in die Kanne dazu, gießt das stark kochende Wasser und den Arak daran, rührt es mit dem Löffel herum und deckt ihn zu. Man kann ihn auf eine Lampe mit Spiritus setzen.

Glühwein oder Stahlpunsch.

Man läßt in einer messingnen Pfanne zwei Bouteillen Ofner=Wein, nebst ¾ ℔ Zucker, ein Loth ganz feinen Zimmt, ein halb Loth Nelken, so lange über Kohlenfeuer bis es anfangen will zu sieden, dann ist er fertig und gießt ihn in eine Kanne. Das Gewürz bleibt auf dem Bo=den; man kann es nochmals gebrauchen, wenn etwas Zucker und Wein dazu genommen wird.

Reformirter Thee.

Es wird ein Kaffelöffel feiner Thee mit ein Achtel Wasser angebrüht, 3 Seidlein Kern sie=dend gemacht nebst ein Stückchen Zimmt, 5—6 Eyerdotter mit ein halb Vierling Zucker in einen Hafen gut abgerührt, den heißen Thee, dann den siedenden Kern daran, noch ein wenig an=ziehen lassen und recht gerührt daß er schäumt, dann ist er fertig.

Eyer=Wein oder Chaud d'eau.

Es wird eine Maas guter Wein mit einem Stück Zimmt siedend gemacht, in einem Hafen 6—8 Eyer recht verrührt, dann den siedenden Wein daran; man muß aber Acht geben, wann er noch ein wenig kocht, daß er nicht gerinnt und einen Schaum giebt. Er wird im Becher herumgelangt.

Chocolade.

Man nimmt 3 Seidlein Kern, wohl nicht vom Besten, doch auch nicht Milch, macht solchen siedend, nimmt ¼ ℔. guten Chocolade, reibt ihn und verrührt 4 Eyer mit dem Weißen recht stark, den geriebenen Chocolade daran, rührt es noch mehr und gießt den siedenden Kern daran. Ist er zu dünn, so läßt man ihn unter starkem Rühren ein wenig anziehen und quirlt ihn recht. Läßt man das Eyweiß daran, so wird er recht schäumig.

Register.

A.

B.

C.

Zeitfracht Medien GmbH
Ferdinand-Jühlke-Straße 7
99095 Erfurt, Deutschland
produktsicherheit@kolibri360.de